Alkofer · Antonius von Padua

Andreas-Pazifikus Alkofer

Antonius von Padua –
Franziskaner auf Umwegen

Auf der Suche nach der eigenen Lebensspur

Echter Würzburg
Edizioni Messaggero Padova

Für Stefan, Sabine, Lisa und Stephanie

Die Deutsche Bibliothek – CIP-Einheitsaufnahme

Alkofer, Andreas-Pazifikus:
Antonius von Padua : Franziskaner auf Umwegen /
Andreas-Pazifikus Alkofer. – Würzburg : Echter ;
Padova : Ed. Messaggero, 1994
    (Auf der Suche nach der eigenen Lebensspur)
    ISBN 3-429-01619-3 (Echter)
    ISBN 88-250-0262-9 (Ed. Messaggero)

© 1994 Echter Verlag Würzburg
            Edizioni Messaggero Padova
Umschlag: Uwe Jonath (Bild: Ausschnitt aus: Der hl. Franziskus beauftragt
den hl. Antonius, Theologie zu lehren; Fresko von Ubaldo Oppi in der
Basilica del Santo in Padua)
Gesamtherstellung: Echter Würzburg
Fränkische Gesellschaftsdruckerei und Verlag GmbH
Printed in Germany
ISBN 3-429-01619-3 Echter
ISBN 88-250-0262-9 Edizioni Messaggero

Inhalt

»Mitleid« hat seinen Namen vom Mitfühlen mit fremdem Leid. Mitleid heißt es, weil es des Menschen Herz mit Leid und Betrübnis über fremdes Leid erfüllt. In Gott gibt es jedoch nur Mitleid ohne Betrübnis des Herzens; wir nennen es deshalb Erbarmen, weil es gleichsam tätiges Erbarmen ist. Von ihm sagt der Herr: »Seid barmherzig!« Beachte aber folgendes: Wie mit dir der himmlische Vater dreifaches Erbarmen hat, so sollst auch du ein dreifaches Erbarmen mit deinem Nächsten haben. Schön, weit und kostbar ist des Vaters Erbarmen; es ist schön, weil es reinigt von Sünden; weit, weil es mit dem Verlauf der Zeit in guten Werken sich ausbreitet; kostbar, weil es in den Freuden des ewigen Lebens endet. So sollst auch du mit dem Nächsten ein dreifaches Erbarmen üben: Wenn er wider dich gefehlt hat, verzeihe ihm; wenn er vom Weg der Wahrheit abirrt, belehre ihn, wenn ihn hungert, erquicke ihn.

Antonius von Padua (4. p. Pent 272b)

Eine Vorbemerkung

Über Antonius von Padua schreiben? Da mag der Verdacht naheliegen, daß man offene Türen einrennt. Dieser Heilige ist so bekannt, so populär, so oft in unseren Kirchen dargestellt, daß man leicht vermuten könnte, es brauche nichts neu aufgewärmt zu werden. Grunddaten, ein paar Anekdoten und Wunder, einige Begriffe und Vorstellungen über Antonius sind überall »erhältlich«.

Das waren so in etwa meine Gedanken, als ich begann, mich für eine Monatszeitschrift, die noch dazu den Namen des Antonius im Emblem führt, mit diesem Heiligen intensiver auseinanderzusetzen. Aber: Meine eigene anfängliche Skepsis davor, doch bloß »offene Türen« einzurennen, schlug im Laufe der Zeit um in eine größere und mich selbst überraschende Nähe zu diesem Heiligen. Das hat mich verwundert. Ich gebe aber zu: Dies war unterschwellig die eigentliche Hoffnung, die eigentliche Absicht, auch für mich persönlich: den Schleier der Legenden, die sich so bald um Antonius ranken, etwas zu heben, um wenigstens in Andeutungen und Umrissen einen Menschen zu Gesicht zu bekommen, der lebte und litt, träumte und hoffte, glaubte und rastlos unterwegs war. Den Schleier heben – und diesen Bruder Antonius ein wenig von den vielen Sockeln herunterzuholen, auf denen er steht in so vielen Kirchen. Dieses »Herunterholen« geschah aber nicht im Sinne einer Abwertung, einer Profanisierung, die sagt: »Schaut nur genau hin! So heilig war er gar nicht, die Legenden und Wunder – sie stimmen ja gar nicht!« Nein, es ging um mehr Nähe, um den vorsichtigen, zaghaft ahnenden Versuch, sich in ein anderes Leben, in eine andere Zeit vorzutasten. Beides, Leben und Zeit, sind zunächst fremd und der Zugang oft genug verbaut durch legendarische Darstellungen, deren Art und Sprache uns oft ebenso fremd und nicht sehr geläufig sind. Die Zeiten nach Antonius hatten eben auch ihre eigene Weise, ein »heiliges Leben« nachzuzeichnen, nicht selten mit Pinselstrichen, die uns heute gar nicht mehr so dienlich erscheinen.

Auch deshalb dieser Versuch, der mit zaghaften Schritten begonnen hat und jetzt zusammengefaßt dasteht. Ein Versuch, der es unternehmen will, diesen Heiligen nicht als ein entmutigendes »Über-Ich« vorzustellen. Denn da ist dann die Resignation oft nicht weit – nach dem Motto: Wenn ein »heiliges Leben« so ausschaut, wenn Leben aus dem Glauben nur *so* gelingt, dann kann ich das ja ganz und gar nicht. Das überfordert mich. Dann bleibe ich immer hinter diesen großen und übermächtigen Vorbildern zurück. Sie erdrücken mich eher, als daß sie mir helfen, als daß sie mir zu Weggefährten für meinen eigenen Glaubensweg werden.

Deshalb also dieser Versuch, der – nun mit den Pinselstrichen *unserer* Zeit – Antonius in greifbarere und begreifbarere Nähe locken will. So, denke ich, wird dieser Antonius wieder eher zur Ermutigung für eigene, oft schwere und durchkreuzte Wege, wird er zum »solidarischen Bruder« (so nennt Raoul Manselli den heiligen Franziskus) und nicht weiterhin, fern von den Turbulenzen meines Alltags, auf den Sockeln und Säulen ganz unberührt vom gelebten Leben dastehen und über diesem thronen. Auch im Leben des heiligen Antonius gibt es eine Portion an Suche nach der eigenen Spur und etliche Unübersichtlichkeiten zu entdecken. Auch hier steht jemand vor ungelösten Fragen, hat mit Scheitern und geplatzten Träumen umzugehen. Da ist einer krank, angeschlagen, einer mit seinen Ein-, Aus- und Aufbrüchen. All das, vorsichtig in den Blick genommen, kann dazu beitragen, daß sich die Distanz zu diesem Heiligen verkürzt. Mit vergleichbaren Erfahrungen »im Rucksack« redet es sich leichter miteinander – das ist eine sehr alltägliche und wichtige Erfahrung. Sie gilt hoffentlich auch für den »Umgang« mit einem Heiligen. Und – diese Erfahrung ist dort noch deutlicher, wo es um die wirklichen Kernfragen, Bruchstellen und Wegkreuzungen in einem Leben geht.

Sodann gilt auch für unseren Zusammenhang (wie mehr oder weniger für jeden Beschreibungsversuch!) der Satz:

Ich stelle *meinen* Antonius von Padua vor, *meinen* Zugang, *meine* Sicht – und das mit den Kernpunkten, die ich aus diesem Leben werde ablesen können. Die Frage, wer denn dieser Antonius von Padua eigentlich gewesen sei, wird also deutlich verknüpft sein mit meiner Brille, mit der Sicht und den Erfahrungen, die ich im Gepäck habe und herantrage an das oft so lückenhafte objektive oder durch Übermalungen verzerrte Material, das uns über das Leben des Heiligen zur Verfügung steht.

Diese Darstellung meiner Sicht auf Antonius von Padua ist aber letztlich mit einer weiteren Absicht verknüpft, die mit dem oben Gesagten aufs engste zusammenhängt: zu lernen, den jeweils eigenen Blickwinkel auf heilige Gestalten zu wagen, entdecken zu lernen, daß *ich* etwas davon haben kann, gewinnen kann für mein Leben, meine Fragen und für meinen Glauben und so an den *eigenen* Dreh- und Angelpunkten bei der Suche nach Gefährten an vielleicht überraschenden Stellen fündig zu werden.

Damit ist natürlich zugleich gesagt, daß diese Arbeit keine strikt wissenschaftliche und historische sein will. Es geht nur am Rand um die Probleme der Antonius-Forschung. All die diesbezüglichen Fragen aufzurollen wäre interessant, ist teils sehr ausführlich geschehen, würde aber entgegen unserer Absicht den Zugang zu Antonius wohl eher wieder erschweren oder gar verbauen. (Wer jedoch in dieser Richtung weitere Informationen sucht, sei auf das Literaturverzeichnis am Ende verwiesen. Es ist natürlich nicht erschöpfend, bietet aber zusätzliche Einstiegsmöglichkeiten und andersgeartete Zugänge zu Antonius an). Natürlich wird man an dieser Stelle warnend den Finger erheben und auf die Gefahr verweisen, man würde in das Heiligenleben Dinge hineintragen, die man dann wieder herauslesen möchte. Um dem zu begegnen, sollen hier mehr Fragen gestellt als Antworten gegeben werden, soll Unsicheres unsicher bleiben, Sperriges sperrig. Diese Annäherungsversuche weisen in den Raum, den sich eine streng wissenschaftliche Arbeit versagen muß, die dort, wo ihr Informationen und Fakten fehlen, schweigen muß. Diese Lücken können nicht ausgefüllt werden. Doch gerade diese Lücken, Zwischen- und Hinterräume jenseits des bloß Wißbaren vorsichtig zu eröffnen ist hier Absicht. Auch dabei darf aber das nicht einfach übersprungen werden, was an gesicherten Daten erhoben worden ist. Ganz ohne das Objektive geht die Annäherung sicher auch nicht. Aber möglicherweise sind es gerade diese Lücken und sperrigen Stellen, die Haftpunkte bieten. Da kann man hineinbohren. Da können andere Fragen zum Zug kommen. Da ist nicht schon alles gesagt und geklärt. Unvermutete Nähe, aber auch schwierige Distanz können gerade da wachsen. Und letztlich ist das ja auch, wie schon erwähnt, das Ziel: Der ferne Heilige aus einer fernen Zeit, ferngehalten auch durch die hohen Podeste der Verehrung, rückt näher.

Noch eine letzte Vorbemerkung: Dieser Versuch verdankt sehr viel an Anregung und Art der Darstellung einem »Vorgänger«: dem Buch »*Sant' Antonio di Padova – Conversazioni sulla sua Vita*« des Italieners Ireneo Daniele. Es ist eine Art Konversation mit ihm, dem mir völlig unbekannten Autor, geworden: ein Gespräch über Buch- und Sprachgrenzen hinweg.

12

Schritte im Umkreis eines Heiligen

Zu gut meinen wir zu wissen, um wen es im folgenden gehen wird. Zu gut kennen wir die Titel und Schlagworte, mit denen dieser so populäre Heilige, Antonius von Padua, auf ein paar kurze Begriffe gebracht werden könnte. Er ist »*il* Santo« (*der* Heilige schlechthin für die Paduaner, für die Italiener). Er ist der »doctor evangelicus«, der Gelehrte der Bibel also. Er ist der »erste Theologe des Franziskanerordens«. Er ist der »unermüdliche Hammer der Ketzer«. Er ist der »mit dem Jesuskind auf dem Arm«. Er ist – vielleicht für viele sogar hauptsächlich – der »Patron der Schlamper«, zuständig in den vielen Fällen, in denen einmal mehr etwas verlorengegangen ist und das Vermißte nicht wiedergefunden werden kann.

Schlagworte. Titel. Sie geben das eine oder andere aus dem Leben dieses Antonius von Padua wohl andeutungsweise wieder, greifen aber oft auch zu kurz oder erklären wenig. Vielleicht sind also die Türen, die Zugänge und Anwege zu Leben und Person des »Titelhelden« möglicherweise gar nicht so offen, gar nicht so unverstellt. Vielleicht sind solche vorgeprägten Formeln und Vorstellungen, wie die eben zitierten, gar eher Stolpersteine auf der Anfahrt zu ihm.

Wer ist es also, dieser Antonius von Padua? Eigentlich – und für mich? – Wer diese Frage so stellt, also mit dem Wörtchen eigentlich, der fragt immer schon über die reinen und meist sehr dürren Daten hinaus, die uns ein Lexikonartikel anbieten könnte, der im Falle des Antonius von Padua vielleicht so aussehen würde:

»*Antonius von Padua*: A. stammt aus portugiesischem Adel, wird 1195 in Lissabon geboren. Mit 15 Jahren Eintritt in den Orden der dortigen Regularkanoniker. Nach der Begegnung mit den Erstlingsmärtyrern des Franziskanerordens wechselt A. von den Augustinerchorherren in den Franziskanerorden. 1220 Versuch, selbst nach Marokko zu ziehen, um dort wie die franziskanischen Märtyrer zu predigen und für seinen Glauben zu sterben. Der Versuch scheitert. 1221 nimmt A. am Generalkapitel der Franziskaner in Assisi teil. Von da an widmet sich A. bis zu seinem Lebensende der Predigt, vor allem in Italien. 1231 stirbt A. in der Nähe von Padua. 1232 wird er von Papst Gregor IX. heiliggesprochen. Bestattet liegt A. in Padua, wo ihm zu Ehren eine große Wallfahrtskirche gebaut wird. Dargestellt als Franziskaner in der mit dem Strick gegürteten Kutte, in Deutschland erst vom 15. Jhd. an häufiger, sind seine Attribute Buch, Lilie und Kreuz mit dem Jesuskind, Monstranz, Fisch und Esel; Kreuztitel und flammendes Herz können dazukommen.«

Das wäre ein – gar nicht so fiktiver – Lexikonartikel, der das eine oder andere anreißt, doch kaum klärt. Dem »eigentlichen« Antonius sind wir damit keinen Schritt nähergekommen. 36 kurze Lebensjahre, davon nur elf als Mitbruder des heiligen Franziskus – zusammengekürzt, zusammengestrichen auf ein paar Zeilen, ein paar Informationen, mehr nicht. Immerhin können wir schon an diesem Punkt sehen – so mager die Daten auch sein mögen –, daß nicht alles in diesem Leben glatt und rund gelaufen ist, daß da einiges hinter den Zeilen verborgen liegt, was ans Licht zu bringen sich »lohnt«. Alt und lebenssatt ist Antonius nicht geworden. Den Orden hat er einmal gewechselt. Das spiegelt innere Vorgänge. Das »macht« man nicht einfach so, damals nicht und heute ebensowenig. Der Versuch, Märtyrer zu werden, scheitert. Wie geht einer wie Antonius aus seinem Glauben heraus mit dem Scheitern um? Wie erträgt, verträgt und verarbeitet er die Striche, die ihm durch seine Rechnungen gemacht werden? Und das im Laufe der paar Jahre nicht zu knapp!

Ein paar Zahlen, ein paar Informationen und schon eine Fülle von Fragen, auf die unser Lexikonartikel nicht mehr antwortet. Wer also könnte hinter dieser Skizze als Mensch, als Heiliger zum Vorschein kommen? Wer ist er also, dieser Antonius?

Vielleicht hilft uns ein Brief dabei, etwas dichter an ihn heranzukommen. Ein Brief, den Antonius einmal aus seinem Briefkasten hat ziehen können, ein Brief, dessen Verfasser und Absender nicht weniger berühmt ist als der Empfänger! Kurz und knapp heißt es da:

»Dem Bruder Antonius, meinem Bischof, wünsche ich, Bruder Franziskus, Heil. Es gefällt mir, daß du den Brüdern die heilige Theologie vorträgst, wenn du nur nicht durch dieses Studium den Geist des Gebetes und der Hingabe auslöschst, wie es in der Regel steht.«

Dieser Brief – fast ist man versucht zu sagen: »dieses Telegramm« – sagt nun vielleicht bei einem ersten flüchtigen Lesen auch noch nicht so sehr viel, und doch: angeleuchtet wird die Beziehung, die zwischen diesen beiden Minderbrüdern besteht. Der eine nennt den anderen »Bischof« (obwohl Antonius von Padua nie Bischof war) und drückt damit aus, welche Bedeutung der Angeredete hat – für ihn, Franziskus selbst, aber auch für den entstehenden und sich ausbreitenden Orden der Minderbrüder. »Bischof« – ein Ehrentitel für den hochgebildeten *Bruder* Antonius, der der »Freund«, der »Weggefährte« des Franziskus ist (Die Anführungszeichen bedeuten an dieser Stelle nur, daß man sich das Verhältnis zwischen Antonius und Franziskus als innerlich sehr nahes vorstellen muß; ihre jeweiligen Wege werden sich sehr selten gekreuzt haben). Achtung, Hochachtung, aber auch brüderliche Zuneigung spricht aus diesen kurzen Zeilen, die Antonius zugestellt bekommt. Freilich auch eine Weisung, die die geistliche Autorität der Minderbrüderbewegung, Franziskus, der weder Priester ist noch je Theologie studiert hat, dem hochgebildeten Priester für seine Lehrtätigkeit im Orden mitgibt. Es ist damit ein entscheidender Einschnitt für die Gemeinschaft, die mit Franziskus ein Leben möglichst nahe am Evangelium führen will, markiert. Und eine tragende Rolle wird dabei dieser Antonius von Padua spielen.

Die Theologie hält offiziell und vom Gründer abgesegnet Einzug in den Orden. Auch wenn Antonius vielleicht nicht der erste Gebildete im Kreis der Minderbrüder ist, so ist er doch, das sagt Franziskus indirekt, derjenige, dem die brüderliche Aufgabe der theologischen Ausbildung anzuvertrauen ist, derjenige, der eine Theologie lehren wird, die in der geistlichen Welt des Franziskus und der Seinen einen Ort finden kann und der ursprünglichen Absicht, einfach, arm und »ungebildet« zu leben, also ohne Schreibtisch, Bibliothek, Computer, am ehesten entsprechen wird. Wir müssen uns vorstellen: Dieser Antonius ist gerade einmal zwei, drei Jahre vorher zum Kreis der Brüder gestoßen! Der Brief des Franziskus stammt wohl aus dem Jahr 1223 oder 1224. Ob sich Antonius und Franziskus zum Zeitpunkt der Abfassung dieses kurzen Briefes überhaupt schon zu Gesicht bekommen haben, ob sie ihre Ansichten, Träume, Hoffnungen, ihre Ideale und Ideen haben im Gespräch austauschen können – alles ziemlich unklar. Keine Notiz, kein Hinweis dazu in irgendeiner Quelle.

Aber auch »Professor der Theologie«, wie man ihn mit einem für seine Zeit nicht gemäßen Titel bezeichnen könnte, wird Antonius nicht sehr lange sein – ein paar Monate in Bologna, dann wartet schon wieder anderes auf ihn. Dies sind dann die drei Aufgaben und Herausforderungen, die dieser Heilige aus Padua immer wieder auf sich zukommen sieht, denen er sich stellt, die diese paar Jahre als Franziskaner ausfüllen und erfüllen – theologischer *Lehrer* für die Brüder (weil Franziskus spürt, *der* wird es in seinem Sinne machen), *Prediger*, der sich den Problemen seiner Zeit und seiner Zeitgenossen stellt, *Organisator*, der sich in verschiedenen Leitungsdiensten um die Strukturen der vehement wachsenden franziskanischen Bewegung kümmert – und in alledem immer wieder der, der aus dem großen Fundus eines vertrauten Umgangs mit der Heiligen Schrift schöpft.

Diesen Antonius werden wir uns anschauen, werden den Achsen nachspüren, den Drehmomenten in seinem Leben, dem, was ihn umtreibt, dem, was ihn den Orden wechseln läßt, dem, was ihm bei den vielen durchkreuzten Plänen und dunklen Phasen trägt; es scheitert ja nicht nur der Plan, Märtyrer zu werden, sondern vieles andere läuft – auf den ersten und oberflächlichen Blick und bei falschen Maßstäben – schief.

Annäherungen an seine Zeit

Es mag vielleicht eine Binsenweisheit sein, aber es scheint doch nötig, an dieser Stelle an sie zu erinnern: Es macht einen Unterschied, ob einer im 13. Jahrhundert lebt oder im 20. Jahrhundert. Die Welt verändert sich. Ein Zeitgenosse unseres Heiligen, herübergeholt aus seinen in unsere Tage, würde vermutlich ganz schön die Augen aufreißen, würde heftig erschrecken, kaum etwas verstehen und ziemlich verängstigt sein von der Welt, in die hineinkatapultiert er sich unvermutet wiederfände.

Einen weiteren Schritt auf den heiligen Antonius von Padua gehen wir also zu, wenn wir zu erkennen versuchen, in welcher Zeit er denn überhaupt lebt und leidet. Letzteres mag uns vielleicht für eine Heiligenbiographie ungewöhnlich erscheinen, aber die meisten heiligen Männer und Frauen unserer Kirche sind nicht einfach Helden oder schiere »Lieblinge Gottes«, denen alles zu purem Gold wird, was sie in ihrem Leben anfassen.

Das soziale, politische, das religiöse und geistige Klima drückt auch ihm, Antonius, seinen Stempel auf. Diese Großwetterlage perlt – damals wie heute – nicht einfach an der Haut ab, sondern zieht Spuren und Furchen in die Gesichter der Menschen. So formt sich in jeder Epoche ein Weltbild, formt sich ein Menschen- und Gottesbild nicht völlig und total anders, aber doch unterscheidbar. Wenn auch manche Fragen, manche Probleme und Sorgen durch die Zeiten hindurch ähnlich bleiben in ihren Auftrittsfiguren, so bildet doch die ganz eigentümliche Färbung, die ganz eigene Nuance in einer bestimmten Periode den Mutterboden, aus dem die Menschen, also auch die »heiligen« Menschen, ihre Sprache, ihre Gebärden und ihre Ideen herauswachsen.

Auch deshalb lohnt sich der nähere Blick auf die Lebens- und Denkumwelt des heiligen Antonius. Er – wie viele andere Heilige – ist ja so etwas wie ein von Gott her geschenktes Antwortangebot auf die Zeichen, die Fragen der jeweiligen Zeit. Und das gerade für die Menschen, die sich in ihrem Umfeld, in ihrer Zeit zurechtzufinden suchen.

Daß die gut acht Jahrhunderte, die uns von der Lebenswelt des Antonius trennen, durch eine gewaltige Reihe von Umwälzungen markiert sind, durch Veränderungen in so ziemlich allen Bereichen des täglichen Lebens, mag ebenfalls wieder wie ein Gemeinplatz klingen. Und doch gerade auch deshalb brauchen wir, Schritt für Schritt in der Annäherung, gerade hier wieder eine Brücke, einen Anfahrtsweg, brauchen wir den Hintergrund für dieses Lebensgemälde, den Rahmen, in dem sich der kurze Lebensfaden des Antonius entrollt. Es ist dies der Zeitraum, in den Gott seinen Heiligen hineinstellt – als Zeitgenosse des heiligen Franziskus, der heiligen Klara von Assisi, der heiligen Elisabeth von Thüringen (um nur einige zu nennen), als Zeitgenosse von so vielen Männern und Frauen, an die sich heute keiner mehr erinnert und die ihr Leben damals zu leben hatten. Wagen wir also diesen Sprung zurück, auch wenn er riskant ist und wir nie alles einholen können, was zu berichten wäre.

Was hätten wir in den Schlagzeilen der Tageszeitungen lesen können – damals? Was sind die beherrschenden Themen, Fragen, was die bedrückenden Ängste, die ein Leben damals vom ersten bis zum letzten Atemzug begleiten und belasten?

Eine Schlagzeile (uns gar nicht so fremd, fürchte ich), ein Schlagwort heißt: »Krieg!« – und der tobt gleich auf mehreren Ebenen, lastet als schweres Bündel auf den Schultern der Menschen, wirkt sich bis direkt vor deren Haustüren aus, auf den kleinen und lokal begrenzten eigenen Lebensbereich, und zieht sich über die ganze damals bekannte Welt.

Nehmen wir als Beispiel Assisi als die Stadt, aus der die Bewegung kommen wird, die das letzte Lebensdrittel des Antonius so stark prägt. Dort in Assisi, nicht unmittelbar vor der Haustür des Antonius (doch ähnliches ließe sich auch für Portugal finden und beschreiben) befehden sich die gesellschaftlichen Schichten, die in Bewegung und durcheinander geraten sind. Eine alte, sehr starre Gesellschaftsordnung mit klaren und zumeist undurchdringbaren Grenzen zwischen den Ständen bricht auseinander. Die wieder neu aufkommende Geldwirtschaft – seit der Zeit des lange untergegangenen Römischen Imperiums war der Handel vor allem auf die Form des Tausches beschränkt gewesen – läßt einige reich und mächtig werden, die vorher einflußlos waren: Händler und Bürger gewinnen ein völlig neues Gewicht. Dafür verlieren andere ihre Herrschaft, ihren Einfluß, ihre Macht (nebenbei bemerkt: der Vater des heiligen Franziskus, ein »neureicher« Händler, ist ein typischer Vertreter dieser neuen Gesellschaftsschicht, und sein Sohn, Franziskus, reagiert ganz »angemessen« vom Evangelium her auf diese Zeichen der Zeit). Weil aber die »alten« Mächtigen nicht ohne Kampf das Feld räumen wollen, sehen wir als Folge eine schier endlose Reihe von Bürgerkriegen in den an Bedeutung gewinnenden Städten – eben direkt vor der Haustür der Menschen.

Doch damit nicht genug – auch zwischen den aufstrebenden Städten, vor allem in Italien und Südfrankreich (Portugal, das Heimatland des Antonius, liegt noch ziemlich am Rand all dieser Entwicklungen, ist wirklich »Provinz«), gibt es Konkurrenz, Konflikte um Handelswege und Marktanteile, die oft kriegerisch ausgetragen werden. Ein Beispiel hierfür mag wieder Assisi und sein Kampf gegen Perugia sein, in den Franziskus so schmerzlich als Soldat und Geisel hineingezogen wird. – Erinnern wir uns kurz: der junge Franziskus, noch weit davon entfernt, zu ahnen, was aus seinem Leben noch so alles wird, ist voller »Ritterträume«, will ein berühmter Soldat und Held auf dem Schlachtfeld werden. Gelegenheit bietet sich ihm dazu reichlich! Assisi und das benachbarte Perugia sind zwei jener aufblühenden Städte, die sich bei ihrer Expansion in die Quere geraten. Wieder einmal ist es soweit: Die Städte rüsten auf, heben ihre Streitkräfte aus. Franziskus ist dabei. Und bei Collestrada, halbwegs zwischen Assisi und Perugia, treffen die Truppen aufeinander. Ein fürchterliches Gemetzel wird es! Assisi unterliegt. Perugia macht Gefangene – Geiseln, die später gegen hohes Lösegeld ausgelöst werden können: Eine von ihnen ist Franziskus, der in die Gefangenschaft ziehen muß, dort schwerkrank und depressiv wird.

Doch auch damit haben wir das Konfliktbündel noch nicht ganz aufgedröselt. Die nächste, darüber liegende Ebene umspannt schon fast ganz Europa. Es handelt sich um eine Auseinandersetzung, die sich zur Zeit des Antonius und des Franziskus schon über Jahrhunderte hinzieht: der Kampf zwischen den Päpsten und einer Reihe von deutschen Kaisern. Das Leben des Antonius wird geradezu eingerahmt von zwei exemplarisch »antipäpstlichen« Kaisern, von Friedrich I. Barbarossa und von Friedrich II. Zwischen ihnen, ihnen gegenüber, sehen wir einen der mächtigsten Päpste der Kirchengeschichte überhaupt (was politische Einflüsse angeht), Innozenz III. Auch dies ist eine Konfliktebene, die nicht »irgendwo« angesiedelt ist, sondern sich wieder bis dicht vor die Haustüren der Menschen, auch der einfachsten, auswirkt. In den Landstrichen, den Städten wechselt, je nach politischer Lage, je nach politischem Geschick der »Streithähne«, militärische Besatzung, Verwaltung, ändern sich Gesetze und Steuern. – Ausbaden dürfen das immer die gleichen, die »Kleinen«.

Als wäre das alles nicht schon genug, gibt es noch eine weitere Erfahrungsebene, die das Denken, Fühlen, den Glauben, aber auch die Ängste der Zeitgenossen des Antonius beeinflußt: Wir stehen mitten in einer »fiebrigen« Zeit – Kreuzzugsfieber, Kreuzzugszeit. Allein in der kurzen Lebensspanne des Antonius machen sich drei Kreuzfahrerheere (und das sind beileibe nicht nur mit alleredelsten Motiven ausgestattete Truppen!) zum 4., 5. und 6. Kreuzzug auf den Weg, um das Heilige Land den Arabern zu entreißen. Grausame, blutige Kämpfe entbrennen – die Begeisterung für derartige Unternehmungen geht sogar so weit, daß sich 1212 ein sogenannter »Kinderkreuzzug« auf den Weg macht. So sehr lassen sich Menschen damals von dieser Idee hinreißen und verblenden! Letzteres ist natürlich eine Wertung aus der Distanz von 800 Jahren. Steckt man jedoch selbst mitten in so einer Zeit, wird man kaum derart leicht und schnell zu urteilen in der Lage sein.

20

All diese massiven Vibrationen drücken der Zeit den Stempel auf. Insbesondere die letztgenannte Auseinandersetzung (die Kreuzzüge und all das, was sie mit sich bringen) reicht nun wirklich bis an den Rand Europas, bis vor die Haustür des heiligen Antonius: Erst 300 Jahre (!) nach dessen Geburt, 1492, wird die Iberische Halbinsel (also das Gebiet des heutigen Spanien und Portugal) »befreit« sein vom Islam, der gerade dort lange Zeit in großer religiöser, kultureller und wirtschaftlicher Blüte stand und – das sollten wir nicht vergessen – über eine relativ lange Zeitspanne eine vergleichsweise friedliche »multikulturelle« Gesellschaft, ein recht harmonisches Miteinander der drei abrahamitischen Glaubenswege von Islam, Judentum und Christentum ermöglichte.

Auch in einer anderen Hinsicht reicht dies alles bis in das Leben des Antonius hinein: Die franziskanischen Erstlingsmärtyrer, die Antonius aus seiner zuerst eingeschlagenen Bahn in die franziskanische werfen, sind nur erklärbar vor dem Hintergrund der Auseinandersetzung mit dem Islam. Schon Franziskus ist hineingezogen in diese Spannung. Zunächst will er selbst Märtyrer werden und für seine Predigt vor den Andersgläubigen sterben, dann aber lernt er, zieht mit in den 5. Kreuzzug (1217–1221) und sucht Dialog und Frieden in seiner Begegnung mit einem Sultan, schreibt in seiner Ordensregel als Folge für »die, die unter die Sarazenen gehen wollen«, daß sie eben »keinen Streit und kein Gezänk« suchen sollen, sondern ihren »Gott des Friedens« ausdrücklich friedlich leben und spürbar machen sollen für Andersgläubige. Freilich muß gerade Franziskus bei seinem Aufenthalt in Damiette in Oberägypten mitansehen, wie christliche Kreuzfahrertruppen ein blutiges Massaker unter den Arabern anrichten. Seine wirklich prophetische Botschaft wird noch nicht gehört – und das auf lange Zeit nicht.

Turbulenzen also, Spannungen und Ängstigendes auf vielen Ebenen! Das Klima ist nicht gerade freundlich oder gar beschaulich. Die Schlagzeilen werden in großen, roten Lettern geschrieben. Vieles gerät ins Rutschen, kaum etwas scheint sicher. Und das prägt die Menschen!

Die politische Lage: verworren, kaum zu entschlüsseln. Und mitten in dieser politisch aufgewühlten und kriegerischen Situation also eine Kirche mit mächtigen Päpsten, die mit Kaisern kämpfen und zu Kreuzzügen aufrufen, mit Bischöfen und Äbten, die oft zugleich selbst politische Machthaber sind. (All das sagt schon: Kirche damals ist auch ein politischer Faktor. Dabei, so hat es den Anschein, kommen des öfteren die eigentlichen Aufgaben zu kurz. Seelsorge, religiöses Leben, moralische Ernsthaftigkeit liegen oft genug auf dem Opferaltar des Politischen.) Daneben ein Heer von zumeist ungebildeten »Nebenerwerbspriestern«, die sich als Bauern oder Handwerker zunächst um ihren eigenen Lebensunterhalt kümmern müssen und gerade mal so eben im Stande sind, Messe zu lesen. Mit anderen Worten: Die Kirche steht mal wieder schief, ist am Einstürzen.

Es ist dies durchaus auch das eigene Gefühl der Zeit, die sieht, wie es um die Kirche steht, in welche Schieflage sie geraten ist. Ein schlagendes Beispiel dafür: In der Grabeskirche des heiligen Franziskus in Assisi, genauer: in der dortigen Oberkirche, sehen wir es in dem Freskenzyklus, den Giotto einige Jahrzehnte nach dem Tod des Franziskus (und des Antonius) zur Vita des »Poverello« malt, ganz plastisch, ganz bildlich: Ein Fresko zeigt Franziskus, wie er die einstürzende, ganz schief dastehende Hauptkirche der Christenheit, die Lateransbasilika in Rom, stützt. All das ist gemalt als ein Traumgesicht jenes Papstes Innozenz III., der die Franziskaner in dieser Situation in Dienst nimmt.

Mächtige Prälaten, ungebildete Priester einerseits und ein durch Kriege, Krankheiten und Armut verunsichertes, geängstigtes Volk andererseits. Verstärkt wird diese allgemeine Unruhe und Verwirrung, die gesellschaftliche Umwälzung noch durch einen eigenartigen religiösen Aufbruch. Allenthalben entstehen Bewegungen und Gruppen, die sich mit großem Ernst und Eifer auf die Suche nach einem Leben nach dem Evangelium machen. Sie lesen die Bibel, ziehen als einfache Wanderprediger durchs Land, verkünden Armut – und driften oft genug in ein antikirchliches und aggressives Fahrwasser ab. Dennoch sind diese Gruppen, die den Klerikern der Kirche (zu der es ja eigentlich keine Alternative gibt) oft Unwürdigkeit, Schlamperei und dergleichen mehr vorwerfen, ein Zeichen für ein neu aufbrechendes und radikales Interesse an den Evangelien. Auch in diesem Umfeld gibt es jene »Antwortangebote Gottes« auf die Bewegungen der Zeit zu beobachten. Nicht zufällig fallen in die Lebenszeit des Antonius die »Gründungsdaten« innerkirchlicher, radikal evangelisch lebender Armutsbewegungen: Franziskus und die Seinen (sie sind ja nicht die einzigen, die »Erfinder« der Armutsbewegung!), Dominikus und sein Orden, die Karmeliten, Augustiner. Sie alle wollen in dieser aufgewühlten Zeit dem Evangelium neu Gehör und Gestalt verleihen – *in* der Kirche (in einer Zeit der Häresien) und *friedlich* (in einer Zeit der Kriege).

Und Antonius? Er wird mitten hineingenommen in seine Zeit, nicht als bloßer Beobachter und »Erleider«, sondern, je länger je mehr, auch als »Gestalt und Gestalter«. Er versteht die Zeichen der Zeit zu deuten – und handelt demgemäß: Er läßt sich vom franziskanischen Weg fesseln – und der ist selbst eine Antwort auf die Zeit damals, wenn er Armut und Frieden gegen Krieg und Geld stellt. Er, Antonius, greift ein in die Auseinandersetzungen mit Gruppen, die aus der Kirche weggleiten. Er greift ein als Prediger eines unverkürzten Evangeliums *in* der Kirche. Er sucht Antworten auf die Fragen, Ängste und Verirrungen seiner Zeit, seiner Zeitgenossen – seiner Zeit zunächst! Aber: So sehr diese Periode ihren eigenen Geschmack, ihre eigene Färbung haben mag, vieles mag uns merkwürdig vertraut klingen auch in der Übersetzung auf unsere eigene Lebenswelt hin.

Vor diesem »fernen Spiegel« (diesen Begriff prägte die Historikerin B. Tuchman) kann uns vielleicht der Zugang zu Antonius und seinen zeitgemäßen wie zeitgebundenen Antworten noch ein Stück leichterfallen. Vieles ist anders, vieles ähnlich – das klingt natürlich banal, weil es so gut wie immer zutrifft. Doch der springende Punkt dabei ist: Gerade da versucht einer mit dem Evangelium in der

Hand, neuen Frieden, neue Hoffnungen und andere Lösung zu buchstabieren – und da unterscheidet Antonius sich gar nicht so sehr von uns. Bei allen Unterschieden – vor der nämlichen Aufgabe stehen auch wir.

Ein Anfang in Umrissen

Standesämter, Matrikelämter, Taufbücher, Personal-
standskarteien oder dergleichen mehr gibt es im Lissabon
des Jahres 1195 (oder des Jahres 1190/1191) nicht, keine
Computer oder Listen, in die von Amts wegen und rechtlich verbindlich die wichtigsten Daten über einen jeden
Bürger gespeichert werden müßten. So kann man 800 Jahre später keine genauen Informationen abrufen. Exaktes
anzuführen, Uhrzeit, Datum, Wochentag oder Monat ist
unmöglich. Erst 400 Jahre später wird jede Pfarrei durch
ein Dekret des Konzils von Trient angehalten, ein Register
anzulegen, in dem Taufe, Firmung, Hochzeit oder Todes-
fall im Pfarrgebiet aufzunehmen sind.
Was aber dann? Unsicheres Stochern im Nebel der Vergangenheit? Selbst um das Geburtsjahr gab es lange einen
gelehrten Disput. Die einen sagen, Antonius sei 1190 oder
1191 geboren, andere – letztlich die sich durchsetzende
Mehrheit – votieren für 1195, auch wenn eine Untersu-
chung der sterblichen Überreste des heiligen Antonius vor
nicht allzu langer Zeit den früheren Termin als wahr-
scheinlicher hat erscheinen lassen. Doch das sind Fragen,
über die sich zwar trefflich disputieren läßt, die aber zugleich wieder den Blick auf Wesentlicheres verstellen können. Für eine Lebensdeutung und für die Lebensbedeu-
tung des heiligen Antonius tragen sie nichts aus.
Und doch haben wir Nachrichten: eine späte und recht
eigenartige »Geburtsurkunde«, die geschrieben oder ver-
öffentlicht wird, als Antonius schon gut ein Jahr tot ist.
Man wird diese Lebensbeschreibung, den ersten größeren
Bericht über Antonius, also kaum mit einem üblichen
Computerausdruck aus standesamtlichen Registern ver-
wechseln können. Diese eigentümliche »Geburtsurkunde« erscheint wohl (auch da sind sich mal wieder nicht alle
Forscher einig) im Jahre 1232, und zwar im Umfeld der
Heiligsprechung des Antonius (das geht damals noch wesentlich schneller und ohne langwierigen Instanzenzug;

auch Franziskus wird schon zwei Jahre nach seinem Tod heiliggesprochen). Über dem Namen des Autors liegt einmal mehr ein Schleier, aber man darf vermuten, daß er ein Minderbruder und wohl auch in Teilen Augenzeuge der Ereignisse war, von denen er berichtet.

Da man den Namen des Verfassers also nicht kennt, hat es sich eingebürgert, diese Biographie nach dem ersten Wort des ersten Satzes die »Assidua« zu nennen, was zu übersetzen wäre mit »beharrlich, drängend«. Die »Legenda assidua« beginnt also mit dem Satz:

»Durch das beharrliche Verlangen meiner Mitbrüder angeregt und getrieben von dem Wunsch nach der Frucht des heilsamen Gehorsams schicke ich mich an, das Leben und die Taten unseres seligen Vaters und Bruders Antonius zum Lob und zu Ehren des allmächtigen Gottes zu schreiben und so der Liebe und der Verehrung der Gläubigen entgegenzukommen.«

Gleich mit diesem ersten Satz wird deutlich, daß wir es nicht einfach mit einem dürren Datengerüst zu tun bekommen. Da werden nicht einfachhin Fakten aneinandergereiht. Da wird nicht mit der Stoppuhr und dem Metermaß der Hauptperson nachgehechelt. Da geht es gleich von Anbeginn um mehr: eben nicht um einen Lexikonartikel, sondern um die Annäherung an jemanden, der die Zeichen seiner Zeit im Licht seines Glaubens an den Gott des Friedens zu deuten sucht und darüber zu einer Antwortfigur für seine Zeitgenossen wird. Es geht um Glaubensdeutung eines Lebens – um nicht mehr und um nicht weniger. Dabei spielen wichtigere »Daten« eine Rolle als die, die mit Urkunden und amtlichen Vermerken in den Standesämtern abgedeckt sind. Das ist übrigens eigentlich eine Art und Weise der Darstellung, die man sich gut als von den Evangelien und ihrer Darstellung des Lebens und Sterbens Jesu abgeschaut vorstellen kann. Dort nämlich, in den vier Evangelien des Neuen Testaments, wird auch sehr selten (mit Verlaub gesagt) exakt davon berichtet, wann im Hause Jesu frühmorgens der Wecker klingelt, welche Tageszeitungen die Heilige Familie abonniert hat und wie viele Tassen Kaffee getrunken werden. Auf all diese netten kleinen Anekdötchen wird verzichtet. Es geht um Gewichtigeres – um Heilsgeschichtliches.

Wie aber setzt unser Minderbruder, angestachelt von seinen Mitbrüdern, seinen ersten schriftlichen Schritt in das Leben des heiligen Antonius? Das liest sich im zweiten Kapitel nach dem Vorwort so:

»Man hat mir erzählt, daß sich im Westen des Reiches von Portugal eine Stadt erhebt, die an der äußersten Grenze der Welt liegt; ihre Bewohner nennen sie Ulisbona, denn der landläufigen Meinung nach wurde sie von Odysseus gegründet. Innerhalb der Mauern ragt eine Kirche bewundernswerter Größe empor, die der seligen Jungfrau Maria geweiht ist; dort ruht der kostbare und ehrwürdige Leichnam des heiligen Vinzenz, der mit allen Ehren aufbewahrt wird. An der Westseite dieses Gotteshauses besaßen Antonius' glückliche Eltern eine Wohnstätte, die ihrer Stellung würdig war, und ihre Tür befand sich in der Nähe der Kirche. Sie waren in der Blüte ihrer Jugend, als sie diesen glücklichen Sohn zur Welt brachten, und an der heiligen Taufquelle gaben sie ihm den Namen Fernando. Und sie vertrauten ihn eben dieser Kirche an, die der heiligen Gottesmutter geweiht ist, damit er das heilige Schrifttum erlerne, und, als wären sie von einer Weissagung geleitet, beauftragten die Diener Gottes mit der Erziehung des zukünftigen Boten Christi.«

Das klingt so gar nicht nach bloßen Fakten. Wenn hier der Ort, das Geburtshaus, die Eltern und der Name (!) beschrieben werden, dann ist alles sogleich – wortwörtlich – in die Nähe von Kirche, Glaube und Gott selbst gerückt. So »hat« ein Heiligenleben zu beginnen. Das Augenmerk wird von der schon erfahrenen Bedeutung des zur Zeit der Abfassung ja schon toten Antonius von Padua auf seine Anfänge zurückgebogen. Was erfahren wir? Etwas über den Geburtsort, über die Eltern und Eigentümliches über den Namen.

Der spätere »Wahl-Paduaner« Antonius wird am Ende der Welt (so zumindest die damalige Sicht) geboren. 10 Kilometer westlich des damaligen Lissabon endet alles, beginnt der Atlantik – und was sich hinter dem anschließen

mag, ist Gegenstand wildester Spekulation. Lissabon
selbst ist damals beileibe keine Hauptstadt. Der König
von Portugal residiert in Coimbra. Gerade einmal 50 Jahre vor der Geburt des Antonius wird Lissabon 1147 von
den Mauren zurückerobert. Erst 1260 ist es dann Kapitale.
Das Lissabon, in das Antonius hineingeboren wird, hat
nun mit dem heutigen auch im Kern kaum mehr etwas gemein. Im November 1755 verwüstet ein fürchterliches
Erdbeben die Stadt so total, daß sie wiederaufgebaut kaum
mehr wiederzuerkennen gewesen sein dürfte. Eines der
wenigen Bauwerke, die dieses Erdbeben und die Zeitläufte überstanden hat, ist ausgerechnet die Kathedrale Santa
Maria Assunta, die Taufkirche des jungen Portugiesen aus
gutem Haus. Dort in Santa Maria Assunta wird Antonius
auch seine Grundlage für die später so üppigen Kenntnisse in der heiligen Schrift erhalten, wird lesen und schreiben lernen an der Domschule. Und das ist beileibe keine
Selbstverständlichkeit für diese Zeit, deutet aber auch
schon darauf hin, daß Antonius wohl aus einem Elternhaus stammt, das zumindest wohlsituiert war. Ähnlich
wie Franziskus, der Sohn eines neureichen Textilhändlers,
kommt auch Antonius nicht aus den Elendsviertel der Armen – doch auf den Weg nach unten wird er sich später
ganz eindeutig machen.
Aus gutem Hause also. Was aber wissen wir des weiteren
über seine Eltern? Unser Minderbruder verschweigt uns
die Namen der Eltern, sagt uns aber, daß sie ein Haus unmittelbar neben der Bischofskirche von Lissabon besit-
zen, das »ihrer Stellung würdig war«. Die Eltern des Antonius müssen wohl noch recht jung gewesen sein, als ihr
Sohn zur Welt kam, denn der Biograph spricht von der
»Blüte ihrer Jugend«, in der sie standen, als ihnen ihr Sohn
geboren wurde. Ob er, Antonius, der Erstgeborene war,
entzieht sich ebenfalls unserer Kenntnis. Andere, aber leider spätere Quellen geben uns wenigstens die Namen der
Eltern preis: Martin und Maria. Beide sind sie adliger Herkunft. Martin wird sogar »Ritter des Königs Alfons von
Portugal« genannt; ein Titel, eine Herkunft, der das vor-
nehme und würdige Wohnhaus inmitten von Lissabon

ebenfalls gut zu klären vermag. Das paßt zusammen. Spätere Lebensbeschreibungen des Antonius gehen sogar noch weiter, wenn sie vorsichtig sagen, Antonius stamme sogar aus königlichem Geschlecht. Dabei dürfte aber eher der Wunsch der Vater des Gedankens gewesen sein als die Realität. Vermutlich hat der Großvater des Antonius wegen besonderer soldatischer Leistungen bei der Rückeroberung Lissabons von den Mauren im Jahre 1147 den Rittertitel verliehen bekommen – so sagen oder »dichten« spätere Legenden. Antonius' Vater Martin hätte dann wohl den Titel mitsamt dem Haus in Lissabons Stadtmitte geerbt.

Der heilige Antonius von Padua war für seine Zeitgenossen – wenigstens für die portugiesischen – eigentlich eher der »heilige Antonius von Lissabon«. Padua kommt noch gar nicht vor. Ebenso überraschend mag es sein, daß der Taufname auch nicht Antonius war. Am Beginn unserer Geschichte haben wir es also mit einem noch reichlich unbekannten Mann namens Fernando aus Lissabon zu tun. Aber auch dieser Taufname bekommt schon eine eigenartige Geschichte verliehen und bleibt – so der Chronist – in seinem Sinngehalt auch bezeichnend für den, der sich dann nach seiner Einkleidung bei den Franziskanern »Antonius« nennen wird: Fernando ist die portugiesische Kurzform für den germanischen, genauer althochdeutschen Namen »Frithunanths«. Dieser Name setzt sich aus zwei Worten zusammen: »frithu« heißt Frieden und »nanths« so in etwa »entbrannt, begeistert, ereifert«. Fernando wäre also der, der sich für den Frieden begeistert, der, der sich die Botschaft von einem Frieden auf die Fahnen schreibt, der so selten ist in einer Zeit der Kreuzzüge, Eroberungen, Kriege, der kleinen und großen Scharmützel. Es ist ein Friede, der anderswo herkommen wird und in der urfranziskanischen Botschaft des »Pax et Bonum«, von »Friede und Heil«, nicht zufällig an erster Stelle steht. Wird der heilige Franziskus noch von seinem Vater Pietro Bernardone umbenannt (der Vater war bei Geburt und Taufe seines Sohnes Giovanni im Ausland), so wählt sich Antonius für seinen neuen Weg, den er bei den Franziskanern kennenlernt, als Zeichen des Neubeginns, selbst einen neuen Namen. Und auch der kann mit den Worten des Verfassers der »Legenda assidua« erklärt werden:

»Er ließ ab von seinem früheren Namen und nahm den Namen Antonius an, so als hätte er geahnt, welch großer Bote des Gotteswortes er werden sollte. Wahrhaftig bedeutet Antonius annähernd ›der hoch tönt‹ und wirklich verkündet seine Stimme zahlreiche und tiefgehende Deutungen der Schriften.«

Aber bis dahin wird für Fernando von Lissabon noch einige Zeit verstreichen.

Erste Gehversuche

Soll von Wendepunkten, von Schwerpunkten, von Drehmomenten und Wegmarken in einem Leben die Rede sein, soll – wenn das überhaupt so einfach gehen mag – »erklärt« werden, warum jemand »heilig« wird oder böse, warum ein Leben gelingt oder scheitert – und das auch noch vor den Augen Gottes –, dann wird heutzutage kaum an den ersten entscheidenden Phasen vorbeigegangen werden dürfen. Und die heißen: Geburt, Kindheit, Pubertät, Jugend.

Dieser Blick hat seine Gründe. Zuviel wissen wir mittlerweile, etwa aus der Entwicklungspsychologie, um an derart einschneidenden Wegstrecken vorbeizusehen. Es gilt, ersten Grundtönen und den ersten Dissonanzen in einem Leben nachzulauschen. Niemand bleibt von ihnen verschont – und das vom ersten Augenblick, vom ersten Atemzug an. Manches entscheidet sich bereits auf diesen Wegstrecken, bei diesen ersten hingestolperten Schritten eines Lebens.

Je weiter das Leben, über das wir *so* nachdenken, von uns zeitlich entfernt ist, desto größer mögen die Hypothesen sein, die wir aus mehr oder weniger spärlichen Fakten über eine Kindheit, eine Jugend ableiten. Und doch – die Fragen stellen sich: Wie werden die »rein« menschlichen Weichen so gestellt, daß ein Leben gelingt? Wie wird einer heilig? Die einfachste Antwort heißt immer: durch Gottes Gnade. Aber so richtig sie ist, mit dieser Antwort kann man sich auch leicht davonmachen, der Staub der normalen Lebenswege wird nicht geschluckt. Also: Auf welcher Natur, auf welchen Bedingungen baut sie, die Gnade, auf? Wohinein wirkt sie?

Daß auch Heilige Menschen sind, mag ziemlich banal klingen; aber oft genug vergessen wir gerade diese Tatsache, oft genug sind die Sockel, die Altäre, die wir, die »weniger Heiligen«, bauen, so hoch, daß uns der richtige Blick, der richtige Blickwinkel verstellt ist und wir nur mehr in andächtiger Ohnmacht das völlig Unerreichbare aus großer Distanz betrachten. Aber nicht nur dieser Blickwinkel ist es, der eine nüchterne und doch gläubige Sicht verstellt – manche Legenden, die sich um ein Heiligenleben ranken, sind es ebenfalls, Legenden, die diese außerordentlichen Glaubenden nicht nur zu Vorbildern machen, sondern auch zu deprimierenden Übergrößen, die wir kaum oder eigentlich nie erreichen können, deren Art und Weise, den Glauben zu leben, für uns unerschwinglich bleibt – zu groß, zu gut, zu vollkommen.

Wenn zum Beispiel von einem später Heiligen berichtet wird, er habe schon als Säugling an Freitagen und Fasttagen die Mutterbrust verschmäht, dann bleiben eigentlich nur zwei Reaktionen: Entweder ich finde eine derartige Legende einfach lächerlich und kann dann kaum etwas mit ihr anfangen für mein gläubiges Leben, oder ich empfinde dies als einen bedrückenden Maßstab für das Leben, das ich eigentlich zu führen hätte, aber nie und nimmer kann. Legenden dieser Färbung, nur als ein Beispiel, rücken die Heiligen sehr weit weg.

Doch zurück zur Kindheit des Antonius. Können wir uns vorstellen, daß dieser Antonius, der noch gar nicht so heißt, an der Brust seiner Mutter hängt, gestillt wird – wie ein »normaler« Mensch? Können wir uns vorstellen, daß er anfängt, ein paar Silben zu lallen – er, der später als ein wortgewaltiger Prediger in die Geschichtsbücher eingehen wird? Können wir uns ausmalen, wie es gewesen sein mag, wenn einer, der später ausnehmend bewandert sein wird in der Heiligen Schrift und in der Theologie, dauernd Vater und Mutter nervt mit der Frage: »Warum?«

Sind solche Fragen und Vorstellungen lächerlich, ziehen sie einen Heiligen »herunter«? Ich denke, kaum. Diese Fragen dürfen gestellt werden – doch Antworten werden wir wenige finden, wenn wir uns das anschauen, was uns die erste »Geburtsanzeige«, die »Legenda assidua«, zu erzählen weiß:

»Nachdem er die Jahre der Kindheit ruhig in der Familie verbracht hatte, vollendete Fernando glücklich sein fünf-

zehntes Lebensjahr. Da mit der Pubertät der Drang des Fleisches zunahm, und obwohl er sich weitaus mehr als gewöhnlich gepeinigt fühlte, so gewährte er der Jugend und der Lust keinen freien Lauf, sondern zog der bedrängenden Begierde des Fleisches die Zügel an und besiegte so die schwache menschliche Natur. Mit den alltäglichen Kontakten wurde ihm die Welt ekelerregend; es war, als würde er den Fuß zurückziehen, der noch nicht ganz die Schwelle berührt hat, weil er fürchtete, daß ihm auf irgendeine Art und Weise der Staub der irdischen Freuden anhaften könnte – ein Hindernis für denjenigen, der bereits mit der Seele die Wege des Herrn ging.«

Recht spärlich – nur ein paar wenige Zeilen, die fast die Hälfte der Lebenszeit des nachmaligen heiligen Antonius von Padua umreißen. Und das ist gut so, denn der Biograph, dieser namenlose Franziskaner, versucht nicht, die Informationslücken, die er anscheinend über Kindheit und Jugend des Antonius hat, mit vielen »frommen« Legenden auszufüllen. Er bleibt vergleichsweise sparsam und sachlich, obwohl er natürlich auch diese Lebensspanne des Antonius schon vom Ende her beleuchtet – aus dem Umfeld der Heiligsprechung.

In all dieser Zurückhaltung kann aber auffallen, daß trotz des Blickwinkels und legendarischer Übermalung (der »Rückzug aus der ekelerregenden Welt« ist so eine Art »Wandermotiv«, das man in vielen Lebensbeschreibungen von Heiligen findet) zumindest ein paar kleine Indizien aufscheinen, die die Kindheit des Fernando von Lissabon geprägt haben mögen. So spricht der Bericht von »Ruhe und Glück«. Woher weiß das unser Gewährsmann, der doch nicht einmal die Namen der Eltern berichtet, der nicht einmal sagt, ob und wie viele Geschwister dieser Junge in Lissabon hat? Nun, vielleicht schließt er aus der Tatsache, daß die Eltern mitten in Lissabon, in der Nähe der Marien-Kathedrale, ein ihrer adeligen Stellung würdiges Haus haben und Fernando die Kathedralschule besuchen kann und dort lernt, daß die erste Kindheit und Jugend unseres »Helden« im großen und ganzen eine eher gesicherte und beschützte war – ganz im Gegensatz zu so vielen Lebensläufen anderer in einer Zeit, die so sehr von Unruhe, von Spannungen und Kriegen geprägt und gebeutelt waren. Doch ist auch das nur eine Mutmaßung, denn ein reiches und stabiles Elternhaus garantiert noch lange keine konfliktfreie und ruhige Kindheit.

Mag man nun auch mutmaßen, daß die Startbedingungen für das Leben des heiligen Antonius von Padua in seiner Vaterstadt Lissabon eher überdurchschnittlich gut waren, so bleibt doch immer noch auch die andere Seite der Medaille zu registrieren. Und unser Biograph läßt auch diese, wenngleich kurz, zu Wort kommen: »Da mit der Pubertät der Drang des Fleisches zunahm, und obwohl er sich mehr als gewöhnlich gepeinigt fühlte...« Das heißt doch wohl auch, daß der junge Fernando nicht einfach nur fröhlich dahingelebt haben dürfte, wohlbehütet und ebenso wohlversorgt, sondern daß er merkt, welche Veränderungen an ihm und mit ihm vorgehen, als er älter wird und ein Mann (»erwachsen« ist man damals, ob Mann, ob Frau, sehr viel früher. Und das mit allen Konsequenzen!). So schmal und spärlich die Andeutung auch sein mag – sie holt etwas sehr Menschliches, sehr Normales in den Gesichtskreis herein. Und wenn der Biograph sagt, daß Fernando vielleicht ein wenig mehr als andere mit diesen ganz eigenen Entwicklungen zu kämpfen hat, »mehr gepeinigt« ist, dann kann das zweierlei bedeuten. Zum einen könnte man sagen: Es ist klassische Heiligenbeschreibung – je größer die Versuchungen, desto größer ist der, der aus ihnen als »Sieger« und unbeschädigt hervorgeht. Das mag, was die Tatsächlichkeit angeht, zutreffen oder nicht. Ich bevorzuge da eher eine andere Interpretation (Interpretation bleibt es durchaus): Je sensibler, je offener jemand für all die Gefühlsturbulenzen ist, die ein Leben in den verschiedensten Phasen mit sich bringt, desto eher gerät einer auch ins Schleudern. Das ist anstrengend.

Immerhin dürfen wir uns auch vor Augen halten, daß die eben zitierte Passage aus der »Legenda assidua« den Antonius-Biographen P. Scandaletti dazu veranlaßt, dieses Stück Lebensgeschichte unter dem deutlichen Titel »Die sexuelle Krise« zu behandeln. Da wir uns die Zeiten des

Fernando nicht als allzu prüde-viktorianisch vorstellen dürfen, ist klar, daß in dem jungen Mann recht bald und ungeschminkt die Fragen und Reaktionen erwachen, die seine eigene Sexualität betreffen. Das ist in dem Augenblick Neuland. Da braucht es Orientierung. Da muß jemand lernen, sich langsam zurechtzufinden. Auch wenn man bei der Lektüre einschlägiger Heiligenlegenden oft den gegenteiligen Eindruck hat – auch Heilige sind nicht geschlechtslos. Was Fernando betrifft, so ranken sich Spekulationen um eine bestimmte, mehr als ungesicherte Geschichte (wenn sie denn nicht gleich, aus leicht durchschaubaren Gründen, mit dem Mäntelchen des Schweigens bedeckt wird): In Lissabon soll ein Mädchen, das im Haus seiner Eltern beschäftigt gewesen ist, mehr als nur ein Auge auf den Jungen geworfen haben. Dafür aber, wie sich diese Episode entwickelt, gibt es keine direkten Zeugen. Aber das ist auch gar nicht so entscheidend. Wichtig festzuhalten erscheint mir anderes: Die »normalen« und so menschlichen Turbulenzen dürften auch um Antonius keinen Bogen geschlagen haben – egal, wie das dann konkret ausgeschaut haben mag. Da ist einfach einer, der in sein Leben hineinwächst und seine Erfahrungen mit sich und anderen macht. Man kommt da zumeist nicht ganz ohne Schrammen aus diesem Gefühlswirbel heraus, aber man kann dadurch wohl auch feinfühliger (hoffentlich) und offener für die eigenen Problemlagen und die anderer Menschen werden. Das stünde gerade dem zukünftigen Franziskaner und Prediger ganz gut zu Gesicht (aber nicht nur ihm) – dieses Einfühlungsvermögen, die größere Nachsicht, die bei aller Deutlichkeit, Eindeutigkeit und Strenge den Grundton des Verkündigers der Liebe Gottes zu den Menschen, gerade zu denen, die ins Trudeln geraten sind, ausmachen sollte.

In Antonius werden wir – wenn wir das Wenige betrachten, was uns von ihm selber hinterlassen ist an Predigtnotizen, an Predigtskizzen – einen solchen Prediger wiedererkennen dürfen: eine klare Grundhaltung – und doch auch das größere Verständnis für die Irrungen und Wirrungen, die ein Leben hier auf dieser Erde ausmachen. Die

Frage, wieviel an eigenen Erfahrungen hinter diesem Verständnis steckt, bleibt offen.

»Mehr gepeinigt als andere...« – Das bringt uns, trotz aller Spärlichkeit der genauen Information, diesen jungen Antonius doch ein gutes, wenn auch anstrengendes Stück näher in die ganz eigene Lebenswelt. Ein Heiliger, der wissen dürfte, wie es ist, wenn man selbst ins Schleudern gerät, der aber auch wissen wird und später fortlaufend davon erzählt, wie man da herauskommen kann – auch wenn es einige Scharten setzen wird und man nie so ganz ungeschoren bleibt.

Insgesamt wissen wir also nur wenig von Kindheit und erster Jugend dieses heiligen Antonius von Padua. Eines jedoch dürfte mehr als anderes ausschlaggebend gewesen sein für den weiteren Weg: Antonius besucht die Kathedral-Schule in Lissabon. Damit wird etwas in den Anfangsstadien grundgelegt, was Antonius später deutlich kennzeichnet: Er wird der »doctor evangelicus«, der Gelehrte der Bibel, der aus dem Reichtum der biblischen Schriften fast unbegrenzt wird schöpfen können.

Im Umkreis der Bibel

Der Franziskanerorden gehörte, zumindest in seinen Anfängen, dann aber schon bald nicht mehr, zu den Orden, die das theologische und biblische Studium nicht forciert haben. In der von Papst Honorius am 29. November 1223 bestätigten Regel des Franziskanerordens (und die geht zu guten Teilen, wenn auch nicht mehr allein, direkt auf Franziskus zurück) heißt es im 10. Kapitel, das von der »Ermahnung und Zurechtweisung der Brüder« handelt: *»Ich warne aber und ermahne im Herrn Jesus Christus, daß die Brüder sich hüten mögen vor allem Stolz, eitler Ruhmsucht, Neid, Habsucht, der Sorge und dem geschäftigen Treiben dieser Welt, vor Ehrabschneiden und Murren; und die von den Wissenschaften keine Kenntnis haben, sollen nicht danach trachten, Wissenschaften zu erlernen. Sie sollen vielmehr darauf achten, daß sie über alles verlangen müssen, zu haben den Geist des Herrn und sein heiliges Wirken, immer zu Gott zu beten mit reinem Herzen, Demut zu haben, Geduld in Verfolgung und Schwäche und jene zu lieben, die uns verfolgen und tadeln und beschuldigen.«*

Das klingt »wissenschaftsfeindlich« – und *die* Wissenschaft der Zeit ist die Theologie! Wissenschaftsfeindlich aber erscheint es nur auf den ersten Blick, beim ersten Lesen. Vielmehr will Franziskus den Seinen einschärfen, was das einzig Ausschlaggebende, das einzig Wichtige ist: eine gläubige und demütige Haltung Gott gegenüber und eine friedensstiftende den Schwestern und Brüdern auf dem Weg. In der Grundtendenz wird wohl auch der heilige Antonius einer derartigen Aussage aus vollem Herzen zustimmen können. Doch es erweist sich als ganz hilfreich, ja geradezu als Glücksfall, daß Antonius seine Kenntnis der Heiligen Schrift schon vor dem Ordenseintritt bei den Franziskanern erwirbt.

Und das läßt uns nun wieder einen Blick in die Kindheit des jungen Fernando von Lissabon werfen, sozusagen auf den Heiligen in der Schule. Die »Legenda assidua« sagt sehr schlicht und einfach (und der Verfasser hat schon das ganze und vollendete Leben eines Heiligen im Blick!):

»Und sie (die Eltern des Antonius) *vertrauten ihn eben dieser Kirche* (der Kathedralkirche in Lissabon) *an, die der heiligen Gottesmutter geweiht ist, damit er* (Antonius) *das heilige Schrifttum erlerne, und, als wären sie von einer Weissagung geleitet, beauftragten sie die Diener Gottes mit der Erziehung des zukünftigen Boten Christi.«*

In direkter Nähe zu seinem Elternhaus in Lissabon wird der junge Antonius also schon von klein auf erzogen – von den »Dienern Gottes«. Das sind die Kleriker und Lehrer an der Kathedralschule. Der Unterrichtsstoff ist damit eigentlich schon von Haus aus klar vorgegeben: »das heilige Schrifttum«. Und das umfaßt im wesentlichen die Bücher der Heiligen Schrift und die wichtigsten Schriften der Tradition der Kirche, also zum Beispiel die Kirchenväter.

Antonius bekommt Lesen und Schreiben beigebracht. Auch wenn er, wie schon gesagt, aus wohlsituierten Verhältnissen stammt, ist das für seine Zeit so selbstverständlich nicht. Analphabeten sind das Normale in dieser Zeit. Und Lesen und Schreiben sind Fertigkeiten, die allenfalls für angehende Kleriker, für die Mönche und Schreiber in den großen Abteien mit ihren alten Bibliotheken reserviert sind. Schulen sind selten – und wenn, dann sind es Einrichtungen der Kirche für ihren Nachwuchs an gebildeten Männern. Nicht umsonst hat das englische Wort »clerk« (also: Beamter, Schreiber – der Inbegriff dessen, der des Lesens und Schreibens von Berufs wegen mächtig sein muß) die gleiche Wortwurzel und Wortgeschichte wie das Wort »Kleriker«.

Doch zur Zeit des Antonius sind die Grenzen schon etwas durchlässiger. Auch Kinder (Söhne vor allem) aus adligen Familien bekommen Zugang zu derlei kirchlichen »Grundschulen«. An dieser Stelle können wir auch auf den Sohn eines neureichen Bürgers in Assisi schauen: Francesco Bernardone bekommt in Assisi ebenfalls (und schon ein paar Jahre vor Antonius) Unterricht an der Kirche San Giorgio – und der Unterrichtsstoff ist ebenfalls klar: mit den Texten der lateinischen Bibel, den Psalmen vor allem, lernt der heilige Franziskus lesen und schreiben. Und diesen Primärunterricht und seine Inhalte wird er nie vergessen. Von da schöpft und erweitert er, Franziskus, seine Kenntnis der heiligen Schriften.

Ganz ähnlich wird es Antonius von Padua ergehen. Auch er wird von Beginn seines Lernens und Studierens an mit der Heiligen Schrift konfrontiert. Aber mit dem Ende der Schulzeit in Lissabon findet die Beschäftigung mit der Heiligen Schrift für Antonius noch keinen Abschluß. Antonius wächst weiter mit der Bibel und in die Bibel. Die »Legenda assidua« weiß diesbezüglich das Folgende zu berichten:

»Antonius bildete den Geist durch fleißiges Studium und übte die Seele durch Meditation, Tag und Nacht, je nach Möglichkeit, und immer vertiefte er sich in die Heilige Schrift. Bei der Lektüre der biblischen Texte, bei der er der historischen Wahrheit Bedeutung beimaß, stärkte er den Glauben mit allegorischen Vergleichen; und indem er die Worte der Schrift auf sich selbst anwandte, stärkte er sein Gemüt durch ein tugendhaftes Leben. Er vertiefte mit fruchtbarer Wißbegierde den verborgenen Sinn der göttlichen Worte und bewahrte so den Geist mittels der Zeugnisse der Schrift vor den Gefahren des Fehltritts, und zu diesem Zwecke vertiefte er das Wissen über die Heiligen mit fleißigen Nachforschungen. Und alles, was er las, vertraute er einem derart guten Gedächtnis an, daß er in kurzer Zeit eine solche Bibelkenntnis aufwies, wie es nie jemand zu hoffen gewagt hätte.«

Man kann ihn sich förmlich vorstellen – nachts, bei Kerzenlicht in einer Klosterzelle, mit roten Augen, gebeugt über die Bibel und all die schweren Wälzer und Folianten (Buchdruck und handliche Ausgaben gibt es keine!), in denen die christliche und theologische Tradition ihren Niederschlag gefunden hat.

Antonius ist inzwischen etwa 16 oder 17 Jahre alt und auf dem Weg, ein Regular-Kanoniker in der Gemeinschaft der Augustiner-Chorherren in Coimbra zu werden. Das Noviziat in dieser Gemeinschaft hat er bereits hinter sich (wir

werden auf diesen Schritt des Antonius noch etwas aus-
führlicher eingehen). Er inhaliert, lebt, atmet die Heilige
Schrift und – er behält die Dinge in seinem Kopf. Einmal
oder mehrmals gelesen, vergißt er das nicht mehr, was ihm
vor die Augen gekommen ist. Wenn schon gelernt wird
damals, dann wird vieles auch gleich auswendig gelernt.
Die Franzosen sagen dazu heute noch »par cœur« – mit
dem Herzen: Auswendiglernen ist nicht nur eine mecha-
nische Angelegenheit. Wissen wird nicht nur gespeichert
und dann bei der passenden Gelegenheit abgerufen. Nein,
es ist viel mehr, geht tiefer, sitzt dann tiefer und gewinnt so
eine ganz andere Wucht. Das sprichwörtlich phänomena-
le Gedächtnis des Antonius (daran sollte man wohl nicht
zweifeln) ist nicht einfach nur ein Lagerplatz für Informationen – das, was er liest und lernt, verändert ihn von
Grund auf, bewegt und formt ihn.
Es kann ganz gut möglich sein, daß dieser eifrige und
anfangs für unsere Begriffe noch sehr junge Bibelstudent
Antonius von Padua im Laufe seiner Lektüre der Kirchenväter auch auf die folgenden Sätze gestoßen sein mag:
*»Ich leiste, was ich schuldig bin im Gehorsam gegen die
Gebote Christi, der sagt: ›Erforscht die Schriften!‹ und:
›Sucht, dann werdet ihr finden!‹ Ich möchte nicht das Wort
hören: ›Ihr irrt euch; ihr kennt weder die Schrift noch die
macht Gottes.‹ Denn wenn Christus nach dem Wort des
Apostels Paulus ›Gottes Kraft und Gottes Weisheit‹ ist,
dann kennt die Kraft und die Weisheit Gottes nicht, wer
die Schrift nicht kennt. Wenn die Kenntnis der Schrift fehlt,
fehlt die Kenntnis Christi.«*
Der, der dies sagt in seinem Vorwort des Kommentars
zum Buch des Propheten Jesaja, der dies »knallhart« auf
den Punkt bringt – »Die Schrift nicht kennen heißt Christus nicht kennen!« –, ist der Kirchenvater Hieronymus
(† um 420). Er ist einer der ganz frühen und ganz großen
Kenner und Übersetzer der Heiligen Schrift, Priester, Kirchenlehrer wie der heilige Antonius viel später.
Und um dies noch ein wenig in unsere Zeiten herüberzu-
holen, sei ein Abschnitt aus der dogmatischen Konstitu-
tion über die göttliche Offenbarung des Zweiten Vatikani-

schen Konzils in unserem Jahrhundert, »Dei Verbum«, zitiert: »Die Kirche hat die Heiligen Schriften immer verehrt wie den Herrenleib selbst, weil sie, vor allem in der heiligen Liturgie, vom Tisch des Wortes Gottes wie des Leibes Christi ohne Unterlaß das Brot des Lebens nimmt und den Gläubigen reicht.«

Von diesem Brot wird der heilige Antonius ein sehr großes Stück essen, kauen, wiederkäuen – und weiterreichen in seinen Predigten und in seinem Leben.

Eine Lebensentscheidung?

Wendepunkte, Dreh- und Angelpunkte eines Lebens, seine Schnittstellen mit den oft »lebenslänglichen« Folgen sind schwer zu beschreiben. Gründe, Hintergründe, Anwege und Entwicklungen entziehen sich nicht selten der exakten Bestimmung, lassen sich nur ahnen. Worte, Sätze, die man sich zurechtlegt – nicht selten auch für eigene Grundentscheidungen – greifen zu kurz, oder sie klingen recht sachlich, wenn nicht gar strohern und »gesetzlich«. Das Gesetzbuch der katholischen Kirche, der »Codex Iuris Canonici« aus dem Jahre 1983 sagt z. B. über jemand, der in dieser Kirche in einen Orden eintreten will, sich also um Aufnahme in das Noviziat bewirbt, folgendes:
»Canon 643 – § 1. Nicht gültig wird zum Noviziat zugelassen:
1° wer das 17. Lebensjahr noch nicht vollendet hat;
2° ein Ehegatte, solange die Ehe besteht;
3° wer durch ein heiliges Band an ein Institut des geweihten Lebens noch gebunden oder in eine Gesellschaft des apostolischen Lebens eingegliedert ist, unbeschadet der Vorschrift des can. 684;
4° wer unter dem Einfluß von Gewalt, schwerer Furcht oder Arglist in ein Institut eintritt oder jener, den der Obere unter der gleichen Beeinflussung aufnimmt.«
Juristendeutsch – genauer: Juristenlatein, die nüchterne Seite der Medaille. Doch dahinter steckt jeweils Leben, steckt eine ganz eigen gefärbte Lebensgeschichte, die sich weder in Paragraphen noch in Kanones oder – siehe oben – Lexikonartikeln einfangen läßt; steht jeweils eine ganz unverwechselbare, oft bunte und nicht über einen Leisten zu schlagende Lebensgeschichte, Lebensgestaltung – und die Entscheidung für ein Leben in der Form der drei evangelischen Räte von Armut, Gehorsam und eheloser Keuschheit in der Überzeugung, dies sei das einzig Richtige, sei der einzig stimmige Weg, auf den Gott *mich* (und da können dann die einzelnen Namen eingetragen wer-

den) ruft. Ein Weg dahin läßt sich nicht in ein paar dürre Vokabeln pressen, zu unterschiedlich, zu kompliziert, zu verwickelt sind die einzelnen Lebensstraßen.

Nun – 1983 (das Jahr, aus dem dieser Gesetzestext stammt) ist nicht 1210, ist nicht das Jahr, in dem Fernando aus der elterlichen Wohnung, aus seiner Schulumgebung überwechselt in das Noviziat der Augustiner-Chorherren, jener Gemeinschaft von Regular-Kanonikern, die ihn in den Jahren 1210 bis 1220 ausbilden und formen wird in den Klöstern von San Vincente bei Lissabon (bis etwa 1212) und dann Santa Cruz in Coimbra (bis Fernando mit seinem neuen Namen Antonius den Orden wechseln und sich den Franziskanern anschließen wird).

Die »Legenda assidua« drückt sich wieder einmal sehr zurückhaltend aus (und das gab späteren Interpreten des Lebens des heiligen Antonius einmal mehr die Gelegenheit, wild zu spekulieren):

»In der Nähe der oben erwähnten Stadt (Lissabon) *erhebt sich ein Kloster des Ordens des heiligen Augustinus, dessen Bewohner, die wegen ihres religiösen Geistes berühmt sind, dem Herrn dienen und das Gewand der Regular-Chorherren tragen. An diesen Ort kam also der Mann Gottes, nachdem er die weltlichen Verlockungen überwunden hatte, und legte sich mit bescheidener Frömmigkeit die Kutte der Kanoniker an. Er verweilte dort ungefähr zwei Jahre, gestört von den häufigen Besuchen der Freunde, die den Seelen, die nach Sammlung dürsten, so ungelegen kommen. Um sich von diesen Störungen frei zu machen, beschloß er, das Heimatland zu verlassen, das nicht wenig dazu beiträgt, seelenstarke Männer zu entkräften, um so dem Herrn in Ruhe, in der Sicherheit des fremden Hafens zu dienen. Und nachdem er mit Mühe und durch Gebete die Erlaubnis seines Vorstehers erhalten hatte, wechselte er nicht den Orden, sondern lediglich den Wohnsitz und übersiedelte mit lebendigem Eifer zum Kloster des heiligen Kreuzes in Coimbra.«*

Daß (auch) in der Lebensspanne zwischen dem 15. und 25. Lebensjahr entscheidende Weichen gestellt werden, ist klar: Berufsausbildung, Geschlechtsreife, Wahl von Arbeitsort, Arbeitsstelle, eventuell Familiengründung – all das Fakten, Bewegungen, die ein Leben prägen und profilieren. So wird es auch bei Antonius gewesen sein.

Aber diesmal sind es wohl noch mehr Fragen, die offenbleiben: Was bewegt Antonius dazu, die Grundschritte des Ordenslebens einzuüben? Wie kommt er auf diese Gedanken? Wie die Eltern sich dazu stellen, wissen wir – einmal mehr – nicht. Sind sie entzückt (»Mein Sohn wird Priester, Ordensmann!«), stellen sie sich dagegen (»Du hättest so viele andere Möglichkeiten! Bei deiner Begabung, deiner Ausbildung – ins Kloster? Also nein!«)? Flieht Antonius ins Kloster, weil andere Dinge, andere Beziehungen »schieflaufen«? Weil er es bei den Seinen nicht mehr aushält? Oder wollen die Eltern gar, daß ihr Sohn – von klein auf im Umfeld einer Kathedrale großgeworden, vertraut mit Priestern als seinen Lehrern, vertraut mit der Liturgie an dieser Kathedrale – im Kloster einfach wohlversorgt ist und die bestmögliche Ausbildung genießen kann? Und was hat es mit den »weltlichen Verlockungen« auf sich? Stand etwa eine Frau »im Weg« (als »weltliche Verlockung« wäre das mehr als nur uncharmant beschrieben). Was bedeuten die störenden Besuche der Freunde? Warum wechselt er das Kloster (später wird er ja auch noch den Orden wechseln)? Wie muß man sich eigentlich das Leben eines Augustiner-Chorherrn vorstellen? Was bedeuten diese zehn Jahre an Ausbildung in augustinischer Spiritualität und Theologie für den späteren Franziskaner Antonius von Padua?

Fragen über Fragen. Und nur wenige Anhaltspunkte, sich anzunähern. Dennoch können sie unser Gespür anschärfen. Warum sollte es verpönt sein, sich derart irdisch und normal an Antonius und andere Heilige heranzutasten?

Die Versuche, die Informationslücken auszufüllen, auszumalen, sind Legion – und doch oft selbst nur wieder »Mutmaßungen über Antonius«. Es mag ja zum Beispiel sein, daß das erste Kloster, das Noviziatskloster des Antonius, noch zu nahe bei Lissabon war, daß die Kontakte zu den Eltern, zu den Freunden (und Freundinnen?) aus der Kindheit und ersten Jugend noch zu häufig die Kreise des

Novizen störten, der sich doch in Abgeschiedenheit und Ruhe auf seinen Lebensweg im »Gelände der drei evangelischen Räte« vorzubereiten und einzustimmen hat (auch da gibt es ja, wie bei jeder neuen Lebensumgebung, einiges einfach auch nur zu lernen). Aber vielleicht hat der Obere in San Vincente schlichtweg erkannt, wie begabt dieser Bursche ist, und sich gedacht, dieser brauche eine Umgebung mit besseren theologischen Lehrern. Das wäre plausibel und entspräche einem nur zu wünschenden Vorgehen von Ordensoberen, die erkennen, welchen »Schatz« ihnen da Gott in die Gemeinschaft gelegt und geschenkt hat und die dann eben auch verantwortlich werden dafür, daß diese Gaben, diese Charismen, gepflegt werden und wachsen können.

Trotzdem bleibt die Frage: Welches Leben stören die Besuche der Freunde eigentlich? Wie steht er denn jetzt da – dieser Chorherren-Novize aus Lissabon in seiner weißen Kutte und dem weißen Mantel des Novizen? Das Noviziatsjahr ist ein Probejahr; eingeübt werden soll eine Lebensweise, eine Gebetsweise, eine Spiritualität, die ein Leben lang trägt durch alle Höhen und Tiefen, die sich so ansammeln werden und die in ihrer Summe dann dieses Leben ausmachen.

Auf welche Lebensweise bereitet sich Antonius nun vor? »Augustiner-Chorherr« – wie geht das und was ist das? Zu der Zeit, als Antonius bei den Chorherren eintritt, gibt es in der Kirche eine Vielzahl von Orden, die uns heute vertraut sind, noch nicht: die Franziskaner, die gerade als ein Häuflein von Gleichgesinnten um Franziskus in Italien ihren Weg beginnen; die Dominikaner haben ihre Geburt auch noch vor sich. Dafür gibt es aber eine Unzahl von Armutsbewegungen, »Sekten«, Gruppen – aber im Rahmen des offiziellen kirchlichen Lebens gerade die Alternative: zwischen der Lebensweise der Mönche, die mit der Regel des heiligen Benedikt in ihren Abteien, fest an diese Orte verwurzelt, zu leben suchen (auch da ist die Palette, sind die Schattierungen vielfältig) und der der »Nichtmönche«: Kleriker, Priester, die zusammen leben, beten und arbeiten, gesammelt um eine große Kirche und sich meist nach der

Regel des großen afrikanischen Kirchenvaters Augustinus richten, der als Bischof mit seinen Priestern und Diakonen ein geregeltes Gemeinschaftsleben versuchte. Diese Regular-Kanoniker (also Priester, die nach einer Regel in Gemeinschaft leben) verpflichten sich zum gemeinsamen Stundengebet im Chor ihrer Kathedralkirche (deshalb auch »Chorherren«). Jacques Toussaert beschreibt das in seiner großen Arbeit über Antonius von Padua für die Chorherren in Lissabon und Coimbra wie folgt:

»Das Klosterleben war wahrscheinlich nach den Satzungen des Papstes Gregor VII. geregelt: gewissenhafte Befolgung der römischen Liturgie, in der Nacht Psalmodie, strenge Fasten- und Enthaltsamkeitsvorschriften, Schweigen, vor allem von der Komplet bis zum Morgenkapitel, Gemeinschaftsleben in Schlaf- und Eßräumen, Ordenskleid und streng geregelte Tageseinteilung, Gehorsam und unumschränkte Unterordnung unter den Oberen, Armut des einzelnen – das ist in groben Zügen das Ideal des regulierten Klerikers, wie es der Papst umrissen hat.«

Und mittendrin als Anfänger unser Antonius von Padua. Sein Lebensgeleise wird gespurt. Doch nicht nur, was diese »äußeren« Vollzüge angeht, werden Prägemale gesetzt: Studium, Gebet, Meditation, Feier der Liturgie zeichnen eine augustinische Spur in sein Leben.

An dieser Stelle zu beschreiben, wie das umfangreiche theologische Werk dieses Augustinus von Hippo in Nordafrika den jungen Portugiesen beeinflußt haben mag, würde jeden Rahmen sprengen. Daß Antonius seine »Berufsausbildung« bei augustinisch gestimmten Theologen erhält und wie intensiv er sie erhält, wird später ein Glücksfall für die Franziskaner sein: Die Theologie des Augustinus geht gut zusammen mit der geistlichen Vorstellungswelt des heiligen Franziskus. Sophronius Clasen wird dies in unserem Jahrhundert auf den Nenner bringen: »Antonius – echter Schüler des Augustinus und echter Sohn des Franziskus.«

Aber noch ist er in der »Ausbildung« – Lehrjahre sind keine Meisterjahre, obwohl sich langsam abzeichnet, daß dieser geheimnisvoll Berufene ein Meister werden könnte.

Fortschritte und Fußangeln

Coimbra – heute: eine Stadt von 45.000 Einwohnern, gut
170 Kilometer nördlich von Lissabon, knapp 40 Kilometer entfernt von der Atlantikküste, Universitätsstadt,
mittleres politisches und wirtschaftliches Zentrum.
Zur Zeit des Antonius liegt hier der Regierungssitz eines
Landes, das gerade aus der Herrschaft der Mohammeda-
ner »befreit« wird. Bis 1260 wird Coimbra der Königssitz
bleiben. Etwas außerhalb der Stadt erhebt sich seit 1132
das Kloster von Santa Cruz, Sitz einer Gemeinschaft der
Augustiner-Chorherren. Über dieses Kloster sagt eine alte
Quelle, es sei das »wichtigste religiöse und intellektuelle
Zentrum Portugals im Mittelalter« gewesen.
Vor diesem Bühnenbild sehen wir den jungen Don Fer-
nando, einen hochbegabten jungen Mann aus gutem
Hause in Lissabon, agieren, sehen, wie er sich entwickelt –
auch wenn vor sehr vielen dieser Schritte eine Nebelwand
liegt. Die Geschichte sagt uns nicht so sehr viel – und die
Geschichten erzählen sich deshalb um so leichter.
Drehmomente, gewichtige Einschnitte und heftige Fortschritte... Mit dem Ort Coimbra, mit dem Kloster des
»heiligen Kreuzes«, sind für den zukünftigen Heiligen
Antonius von Padua einige Daten verbunden, die man
wirklich ohne weiteres als Wegmarken für sein Leben bezeichnen kann: Studium, möglicherweise die Priesterweihe, Begegnung mit den Franziskanern und – höchst
folgenreich und merkwürdig – der Austritt aus dem Orden der Augustiner-Chorherren und gleichzeitig der
Übertritt in die Gemeinschaft der Franziskaner. Coimbra
ist also im Leben des Antonius ein Ort der Entscheidun-
gen, ein Ort der Weichenstellung. Die gut acht Jahre des
Antonius in Coimbra markieren eine Zeit der Reifung,
Lehrjahre, die langsam einen Meister heranbilden.
Aber diese Jahre werden auch gezeichnet von Konflikten,
die sich fast zwangsläufig aus der Weltlage, aus der Lage
der Kirche in dieser Zeit ergeben. Und diese Auseinander-

setzungen reichen bis an die Klosterpforte von Santa Cruz heran. Immerhin ist Coimbra, wie gesagt, Hauptstadt, Königssitz. Das Kloster selbst, in dem Antonius studiert, ist über viele Stränge verflochten mit dem politischen Geschick der jeweiligen Regenten und ihrer Gegner. Da wird Politik gemacht – und das ist nicht immer ein sauberes Geschäft.

Sehr zurückhaltend, aber doch mit einer gewissen ironischen Spitze zieht ein Antonius-Forscher, J. Toussaert, folgendes Resumée über die Jahre 1212–1220, in denen Antonius seine geistliche und theologische »Grundausbildung« (und wohl schon etliches mehr) erhält: »Mit anderen Worten – und unter Verzicht auf Einzelheiten, die wir nicht geben können – Don Fernando war in Coimbra ein guter Mönch – und das war nicht immer einfach, nicht immer leicht.« Es braucht wohl nicht allzu viel Phantasie, um sich auszumalen, was dieser Forscher mit ein paar wenigen Worten ausdrücken will: Wir stehen mitten in einer Stadt und in einem Kloster, das den Wechselbädern einer Zeit und ihrer Politik ausgeliefert ist. Das hat unmittelbare Folgen wohl auch auf das geistliche und religiöse Niveau. Das wird beeinträchtigt sein und kaum noch den hohen Idealen einer Ordensregel entsprechen, die ein ruhiges, ein kontemplatives Leben und eine gezielte Seelsorge ermöglichen will. Geschäftiges Treiben hinter den Kulissen. Kontemplation und politisches, höfisches Geschäft vertragen sich nicht automatisch gut. Da kann leicht Sand ins geistliche Getriebe kommen. Fußangeln also noch und noch! Intrigen, politische Kämpfe mit immer höher aufflackerndem Eifer (das alles klingt wohl recht vertraut für unsere Ohren!), Abfall von der Höhe des Ideals. Auseinandersetzungen, die auch an der Klosterpforte nicht haltmachen. Damals wie heute sind Klöster nicht einfach »luftleere Räume«, in denen sich die gesellschaftlichen, politischen und kirchlichen Entwicklungen einfach verabschieden. Im Gegenteil!

In die Jahre, in denen Antonius in Coimbra studiert und lernt, ein »guter Mönch« zu sein, fällt – kirchengeschichtlich von großer Bedeutung – das Vierte Laterankonzil von

1215, einberufen von einem der mächtigsten Päpste der ganzen Kirchengeschichte, Innozenz III. – ein Konzil mit Folgen: Unter anderem unterzeichnet der Papst wieder einmal ein Kreuzzugsdekret, ja er will den neuen Kreuzzug sogar selbst anführen, doch sein Tod beendet diesen Plan. Aber die Atmosphäre ist schon wieder aufgeheizt und geladen. Das Fieber, das die Menschen damals befällt, können wir uns kaum vorstellen.

Alles in allem also eine unruhige Zeit. Es grenzt schon an ein Wunder, daß Antonius den Fußangeln, den Verzweiflungen, den Ängsten, den Enttäuschungen »entkommen« ist. Wie oft bricht nicht eine Welt zusammen und ein Lebensweg gerät gefährlich ins Schlingern, wenn jemand mit großem Enthusiasmus gestartet ist und dann erkennen muß, daß es in Wirklichkeit die Umgebung mit den eigenen Idealen gar nicht so genau nimmt.

Fußangeln, die zum leichten Stolpern einladen, auf der einen Seite; doch auf der anderen Seite legt Antonius von Padua gerade in diesen Jahren die Fundamente für seine Arbeit als Seelsorger und Prediger in seinen späteren Franziskanerjahren. In all dem Trubel lassen sich wohl auch sachte Fortschritte feststellen, denn über die verwickelten Zu- und Umstände in Coimbra und im Kloster Santa Cruz mag man sagen und denken, was man will – eines jedoch bleibt gewiß: Für die Erschließung der Glaubensquellen, für das Studium der Bibel, der Theologie (und dabei wohl besonders der Theologie und Spiritualität des heiligen Augustinus) gibt Coimbra, gibt das Kloster Santa Cruz trotz allem einen außerordentlichen Nährboden ab. Und auf diesem Boden wird die »Pflanze« Antonius gut heranwachsen können. Es stehen ihm Lehrer zur Verfügung, die selbst hochgebildet sind, und – das scheint besonders wichtig – es steht ihm eine Bibliothek zur Verfügung mit all ihren Handschriften und Bibelabschriften, wie sie sich in Portugal seinerzeit wohl kein zweites Mal wird finden lassen.

Das läßt uns auch einen kurzen Blick darauf werfen, wie damals Theologie gelehrt und studiert wird im Unterschied zu heute. Will heute jemand ein Studium der Theologie beginnen, dann sieht sich der oder die Betreffende von Anbeginn an einem breiten und weitgestreuten Fächerkanon gegenüber: Da gibt es die »vorbereitenden« Fächer – der Anfänger wird in die Grundgedanken der Philosophie eingeführt, hört in den Abteilungen der biblischen Theologie zunächst von den großen geschichtlichen Bögen in der Entstehung der Heiligen Schrift, macht sich sodann vertraut mit der Geschichte der Kirche selbst. Der etwas Fortgeschrittene lernt seine Fundamentaltheologie (er soll also in der Lage sein, mit seinem philosophischen Instrumentarium theologische Fragen zu stellen und Rechenschaft zu geben von der »Vernünftigkeit« des Glaubens), lernt in der Dogmatik das Lehrgebäude der katholischen Kirche kennen, beginnt dann das Textstudium der hebräischen und griechischen Schriften des Alten und Neuen Testaments (oft bis in sehr verzweigte Einzelheiten). Je länger, je mehr kommen dann auch die »praktischen« Fächer zum Zuge: Predigtlehre, Pastoraltheologie, Moraltheologie und einiges mehr. Jedes Fach mit eigenen Lehrern, mit einer eigenen Fachbibliothek, mit seiner eigenen Methodik. Zu alledem gehört noch ein »kräftiger Schuß« von Psychologie, Soziologie und anderen flankierenden Wissenschaften.

Aber – wie gesagt – so sieht *heute* ein Theologiestudium im Aufriß aus. Damals, zur Zeit des Don Fernando, hat das Studium eine andere Form. Priesterseminare, staatliche oder kirchliche theologische Fakultäten gibt es nicht oder kaum. Letztere sind gerade so eben im Entstehen – in Paris gibt es bereits zur Zeit des Franziskus und des Antonius eine berühmte Universität (und es wird nicht lange dauern, bis auf den Lehrstühlen Dominikaner und Franziskaner sitzen – die blendendsten Köpfe ihrer Zeit!). An den »Kloster- und Mönchsschulen« (wenn sie also die Aufgabe haben, zukünftige Priester auszubilden) schaut die Theologie etwas übersichtlicher aus. Die einzelnen Fächer (es gibt durchaus schon Differenzierungen) sind nicht so »selbständig«, vielmehr ist der Dreh- und Angelpunkt auch in der Organisation des Studiums die biblische Theologie. Alles andere kreist – wie ein Satellit – um die

Bibel und ihre Auslegung. Und die damalige Art der Bibelauslegung unterscheidet sich selbst wieder auf das deutlichste von der Methode, wie heute ein Text bearbeitet wird.

Freilich – dies sind nur Andeutungen. Bis ins Detail zu beschreiben, wie Antonius studiert haben könnte, welche Bücher er gelesen haben könnte (manches läßt sich aus seiner schriftlichen Hinterlassenschaft herausfiltern; die Autoren, die Antonius in seinen Predigten zitieren wird, wird er wohl auch, vielleicht nur in Auszügen, gelesen haben in seiner Studienzeit in Coimbra) – auch das würde unseren Rahmen sprengen.

Außerdem: Mit der theologischen Ausbildung alleine ist ja das »Klassenziel« nicht zu erreichen. Wenn dieser Antonius ein Priester und Prediger werden will, der die Zeichen seiner aufgewühlten Zeit und die Menschen seiner Zeit verstehen und ihnen Antworten geben will, wie sie aus ihrem Glauben heraus ein gelingenderes Leben führen können, dann braucht es nicht nur »Theologie«, dann braucht es das Gespür für die Menschen, dann braucht es Rückhalt in einem geistlichen Leben, das nicht gleich bei der ersten Gelegenheit aus der Fassung kippt.

Antonius hat in den Jahren in Coimbra auch durch diese Schule gehen müssen, hat erkennen müssen, was um ihn herum vorging – und Enttäuschungen verarbeiten müssen, die er wohl erlebt hat. Lehrjahre eines Heiligen – sie dürften so einfach nicht gewesen sein.

Wenn nicht alles täuscht (und die Forli-Anhänger nicht recht haben, die meinen, Antonius sei erst als Franziskaner in Italien, also ein paar Jahre später, zum Priester geweiht worden), dann nähern wir uns einem weiteren einschneidenden Moment im Leben dieses Augustiner-Chorherren und Theologie-Studenten: der Priesterweihe – auch nicht einfach nur ein Datum unter und neben anderen.

Auf dem Weg zur Priesterweihe

Der junge Augustiner-Chorherr ist mittlerweile um die 25 Jahre alt. Wir stehen so etwa in den Jahren 1218–1220. Ein langer Vorbereitungsweg nähert sich – so möchte man meinen – dem Höhepunkt. Priesterweihe – in der Sprache der Theologie und der Liturgie heißt dies: Ein »unauslöschliches Prägemal« zeichnet den Geweihten. Einmal Priester bleibt er immer Priester – wie immer auch das nachfolgende Leben in seinen Kurven, in seinen Höhen und Tiefen aussehen mag. In den zehn Jahren seiner theologischen und geistlichen Ausbildung, seines spirituellen Wachstums wird sich der junge Don Fernando wohl mehr und mehr bewußt geworden sein, welche Tragweite ein derartiger Schritt für das Leben haben dürfte.

Stellen wir es uns einfach einen Moment lang vor: Einer – in unseren Tagen – fängt so langsam an, in sich der Berufung zum priesterlichen Dienst nachzuspüren, erkennt, erahnt in Umrissen, Schritt für Schritt (und die ersten Schritte dürften oft recht unsichere sein), daß dieser Weg, diese Aufgabe seine Aufgabe, sein Lebensweg sein könnte, sein soll. Dann hat der Betreffende einen weiten und langen Marsch vor sich. Sollte er gar den Weg des Ordenspriesters vor sich sehen (wie Antonius von Padua), dann dauert das noch länger. Zwei Jahre der Einübungszeit in den Orden (Postulat und Noviziat genannt, mit je unterschiedlichen Lehrern), dann fünf bis sechs Jahre des Studiums der Philosophie und der Theologie. Jede Menge an Praktika und Prüfungen (und beileibe nicht nur die an der Universität!), dazu weitere ordensinterne Fortbildung, nach dem Studium ein praktisches Jahr in der Pfarrgemeindearbeit, in so mancher Sparte der Sonderseelsorge...

Ein manchmal schier endloser Weg – und dieser Weg wird immer begleitet: von den Eltern, den Geschwistern, von den Freunden und Bekannten (manchmal recht kritisch, oft genug sorgenvoll und nicht immer voller Stolz), die so im Laufe der Zeit Anteil nehmen an dieser Geschichte.

Und nicht zuletzt ist da die Heimatgemeinde, aus der unser Kandidat stammt.

Gerade diese Gemeinde wird sich »ins Zeug legen«, wenn es dann »endlich« soweit ist! Die Weihe wird vorbereitet – große Liturgie im Dom (oder sonstwo), viele Mitbrüder und Mitschwestern, Priester, viel »Volk« – und die vielen, die zu so einem Weg gehören. Dann die Primiz – der erste feierliche Gottesdienst »daheim«: Wieder sind alle da, wieder große Liturgie, jede Menge an Anstrengungen, damit auch hinterher entsprechend gefeiert werden kann, jede Menge Geschenke, Ansprachen, Bilder in der Presse, Videofilme, mitgeschnittene Predigten und vieles mehr.

Es mag zwar von Region zu Region etwas unterschiedlich sein, aber im großen und ganzen wird damit wohl ein treffendes Bild, ein treffender Eindruck wiedergegeben.

Manche Neupriester mögen dabei – laut oder leise – denken, das sei alles wohl etwas viel, das sei »ich« doch gar nicht wert (nach dem eigentlich richtigen Motto: »Ich bin doch gar nicht das Festgeheimnis – ›schuld‹ ist doch jemand anderes, der, der beruft!«) und es könnte ein wenig bescheidener sein, weniger hochgezogen. So oder ähnlich spielt es sich häufiger ab. Jedenfalls – mitbekommen werden alle recht bald, daß da einer zum Priester geweiht worden ist – all die Einladungen, die Primizbilder, Pressenachrichten, Weiheurkunden, Fotos und Videobänder belegen das unübersehbar.

Und bei Antonius...? Da fehlen uns nicht nur die Primizbildchen. Einmal mehr und wie schon so oft: Informationen? Fehlanzeige! Und sogar Weihedaten gibt es mehrere. Orte, an denen Antonius zum Priester geweiht worden sein soll, auch. Und so einmal mehr auch den gelehrten Streit darüber, wo und wann.

Das ist für diese Zeit so selten nicht. Bei vielen, auch bei so manchem heiligen Priester und Ordensmann, hüllen sich die Quellen in ein tiefes Schweigen, wenn es ausgerechnet um diesen doch eigentlich so wichtigen Punkt geht. So wissen wir zum Beispiel auch von der mutmaßlichen Diakonenweihe des heiligen Franziskus nicht durch direkte Dokumente, durch Augenzeugen oder durch dessen eigenhändige Nachrichten, sondern gerade einmal durch einen Nebensatz in der Biographie, die Thomas von Celano über den Poverello aus Assisi schreibt, und durch ein paar spärliche indirekte Indizien. Einschneidende Wegmarken – und ein recht bescheidener Umgang mit ihnen. Eine franziskanische Umgangsweise? Vielleicht. (Schön wäre es, doch all diese Feststellungen gelten nicht nur für Franziskaner).

Für Antonius von Padua sind zwei Weiheorte, zwei Weihetermine im Gespräch gewesen. Die einen sagen, dieser junge Don Fernando hätte sich in der vollen Absicht, Priester in der Seelsorge zu werden, den Augustiner-Chorherren angeschlossen, und die Priesterweihe in Coimbra im Kloster von Santa Cruz wäre der logische Punkt auf der langen Ausbildungsstrecke. Dann wäre – und vieles spricht wohl dafür – Antonius irgendwann in den Jahren 1218 bis 1220, auf jeden Fall gegen Ende seiner Zeit als Augustiner-Chorherr, geweiht worden. Wir dürften ihn uns dann vorstellen als den Seelsorger, der – wie andere Mitbrüder aus seinem Kloster auch – in den Pfarreien von Coimbra tätig ist und seine ersten Erfahrungen auch als Prediger sammelt.

Andere, denen ich mich nicht anschließen kann, glauben, es habe sich anders verhalten: Antonius (jetzt heißt er wirklich so) sei erst nach seinem Wechsel zu den Franziskanern zum Priester geweiht worden – und zwar 1221 in Forli, einer oberitalienischen Stadt (etwa 40 Kilometer nordwestlich von Rimini). Für diese Position nehmen sie wieder einmal einen Text aus der »Legenda assidua« zum Ausgangspunkt:

»Nach langer Zeit geschah es, daß einige Brüder in die Stadt Forli geschickt wurden, um die heilige Priesterweihe zu empfangen. Zu diesem Zweck kamen aus verschiedenen Teilen des Landes Franziskaner und Dominikaner zusammen, und Antonius befand sich unter ihnen. Als die Stunde der geistlichen Zusammenkunft gekommen war und die Ordensbrüder sich wie gewöhnlich versammelt hatten, bat der Provinzial die anwesenden Brüder aus dem Predigerorden des hl. Dominikus, eine Rede zur Erbauung

zu halten und den dürstenden Seelen die Worte des Heils
zu verkünden. Aber jene wehrten sich einer nach dem an-
deren und behaupteten, daß es ihnen weder möglich noch
statthaft sei, unvorbereitet zu reden.«

Da schlägt dann die Stunde des Antonius: Ihn, den die
neuen franziskanischen Mitbrüder eher für zum Geschirr-
spülen talentiert halten als zum Predigen (so die »Assidua« nur wenige Zeilen später), wählt der Provinzial als
Ersatzprediger. Antonius dürfte bei dieser Szene jedenfalls wohl doch schon Priester gewesen sein! Wäre er sonst
zur Predigt überhaupt eingeladen worden?

Auch eine andere Szene, die manche Handschriften erzählen, scheint dies zu bestätigen: Pfingsten 1221 nimmt
Antonius, Franziskaner-Neuling, der er ist, zum ersten
Mal am jährlichen Treffen der gesamten Bruderschaft teil,
dem sogenannten Mattenkapitel. Da werden Pläne ge-
schmiedet, Predigtgruppen zusammengestellt, die einzelnen Gemeinschaften neu besetzt. Tausende von Brüdern
sind da und beraten, wie es weitergehen soll. Und nachdem sie ihre Aufgaben erledigt haben, ziehen die Brüder in
den neuen Gruppen zu den alten oder den neuen Wir-
kungsstätten. Als schon fast alle aufgebrochen sind, bleibt
Antonius, den noch kaum einer kennt, allein zurück, ohne
Aufgabe, ohne Ziel. Und der Provinzialminister der itali-
nischen Provinz Romagna, so diese Quelle, sieht ihn da
recht verlassen herumstehen, geht auf ihn zu, fragt Antonius, ob er denn Priester sei. Und der antwortet bescheiden und kurz (und auf lateinisch!): »Sic, sum« – »So ist es.
Ich bin es.« Daraufhin schickt ihn dieser Provinzialminister in eine Einsiedelei, damit er für die Eremiten, die dort
leben, hin und wieder die heilige Messe feiere.

So einfach. So zurückhaltend – der junge Franziskus-Bru-
der geht mit seinen Talenten, mit dem, was er kann und
darf, nicht hausieren, drängt sich niemandem auf. Auch
wenn er schon Priester ist, bleibt er auf der Linie dieser
frühen franziskanischen Bescheidenheit: Die einen halten
sich für zu ungebildet, die anderen für nicht würdig – oder
streben ganz und gar nicht nach einer festen, also amtlich-
rechtlichen Einbindung in die Hierarchie.

Aber – noch sind wir gar nicht soweit! Bevor wir mit Antonius Portugal verlassen, Coimbra und den Orden der Augustiner-Chorherren, muß noch einiges geschehen, was die Bahn des jungen Don Fernando einschneidend verändert.

Bleiben wir noch einen letzten Augenblick bei der Priesterweihe in Coimbra, von der wir so wenig wissen. Wie mag er sich gefühlt haben, dieser junge Mann, in dem Augenblick, als ihm irgendein unbekannter Bischof oder Weihbischof die Hände auflegt, ihm Kelch und Patene übergibt, ihm die Hände salbt für den priesterlichen Dienst? Bricht es mit großer Macht über ihn herein, daß er, dieser begabte Bursche aus Lissabon, jetzt hineingerückt ist in die jahrhundertelange Reihe derer, die sich in Dienst nehmen lassen seit Anbeginn der Kirche, seit der Zeit, von der an Priester geweiht werden? Wie empfindet er den Ernst dieser Stunde – als Last oder Belastung? Oder als eine Sicherheit, die zuwächst aus einer langen Tradition – von Handauflegung zu Handauflegung, verbunden mit den Anfängen der Kirche, verbunden mit den Anfängen und Aufbrüchen so vieler vor ihm?

Auch über diese geballten Gefühle in einem derart verdichteten Augenblick bleiben uns, was Antonius angeht, kaum mehr als nur Vermutungen, Ahnungen. Spurlos oder »locker-flockig« wird es sicher nicht an ihm vorübergegangen sein.

Ein langer Weg bis zu diesem Zeitpunkt. Aber das Ziel? – Das Ziel ist lange nicht erreicht. Auch das hat Antonius gemein mit all denen, die nach ihm zu Priestern geweiht worden sind. Jetzt geht es erst an – aber wie, das bleibt vorläufig immer noch im Dunkeln, zeichnet sich erst in einigen Konturen ab. Ernster wird es werden das Leben danach, verantwortungsvoller, verwickelter in die Lebensgeschichten und -problematiken so manch anderer Menschen, die jetzt den Weg kreuzen, nach Hilfe suchen, nach Rat, nach einem offenen Ohr, das hört, nach einem Gesicht, das nicht verurteilt, sondern teilnimmt, Anteil nimmt.

56

Ein Zwischenstopp

»Die in das Jahr 1220 fallende umwälzende Entscheidung Don Fernandos hat seine Biographen seit jeher so sehr beeindruckt, daß sie oft genug alles andere darüber vergaßen« (J. Toussaert).

Gut 25 Jahre ist Fernando nun alt, seit kurzem Priester, erheblich länger schon bei den Augustiner-Chorherren, ein recht stabiles und nobles Elternhaus im Rücken – und, so könnte man meinen, eine aussichtsreiche Karriere in Orden und Kirche vor den Augen: als der begabte und konsequent an der Theologie seiner Zeit arbeitende Mann.

Man könnte also meinen, die Wege seien vorgezeichnet, ab jetzt seien Schrittempo und Schrittfolge eher übersichtlich, eher berechenbar, es sei denn, er, Fernando, würde unvermittelt anfangen, die berühmten »silbernen Löffel« zu klauen. Aber daß er sich, auch wenn diese aufgeregte Zeit selbstverständlich nicht haltmacht vor der Klosterpforte in Coimbra, selbst ein Bein stellen würde, steht nicht zu erwarten. Er hat seinen Part gefunden. Jetzt kann das Leben abrollen als Variation des schon Angelegten, als Ausfaltung und Aufblühen der Gaben und Möglichkeiten, die der junge Augustiner-Chorherr in seine mönchische Umgebung mitgebracht und dort gepflegt hat.

Doch daraus wird nichts. 1220 wird das entscheidende Wechseljahr für Fernando. Nach zehn Jahren wirft er »die Klamotten hin«. Wir sollten uns an dieser Stelle keine Illusionen machen. So leicht, so relativ reibungslos, wie uns das die vorsichtige und ganz auf die franziskanische Spur und die Gloriole des zukünftigen Franziskanerheiligen eingestimmte »Legenda assidua« darstellen will, kann das kaum gewesen sein. Gewiß, auch in deren Berichten schimmern ein paar Konfliktpunkte durch, doch die erwecken alle den Anschein, als wären sie zur »größeren Ehre des Antonius« kräftig bearbeitet, erwecken den Anschein, als ob es sich um einen harmlosen Kleiderwechsel gehandelt hätte.

1220 – das magische Jahr. Treten wir einen Augenblick aus der historischen Spur, haken wir die Ereignisse nicht einfach ab mit dem Satz: »1220 verläßt Fernando den Orden der Augustiner-Chorherren, nimmt den Namen Antonius an und wird Franziskaner.« So einfach, so billig werden wir es uns nicht machen dürfen, auch wenn uns bei der Begleitung des Antonius dieses Jahr nicht so vollständig in Bann schlagen soll, daß wir darüber alles andere vergessen wollen oder unterschlagen könnten.

Vielleicht müssen wir ein wenig tiefer ansetzen, müssen etwas mehr bohren bei dieser Frage: Da zieht einer sein Ordensgewand aus (gut zehn Jahre hat er es *getragen*, vermutlich auch in manchen turbulenten Zeitläuften *ertragen*), zieht ein neues an, das man so recht in seiner Zeit noch gar nicht als eigenes Ordensgewand erkennen kann. Trikotwechsel? Nur etwas, das äußerlich bleibt? Wie ein Fußballer, der seinen Verein wechselt? Ein neues Trikot überstreift und ansonsten tut, was er vorher auch getan hat und wohl auch am besten kann, nämlich Fußballspielen? Nur eine neue Mannschaft? Aber die gleiche Regel?

Mit alledem hat der »Vereinswechsel« des Antonius im Jahr 1220 nichts zu tun. Die Ablösesumme muß er selber zahlen. Und sie ist hoch. Sie kostet die Sicherheit eines eingespurten Lebens. Und das ist weit mehr als ein bloßer Kleiderwechsel. Das Bewährte wird riskiert. Was jetzt kommt, hat noch keine stabile Vergangenheit. Dazu ist diese franziskanische Bewegung einfach noch zu jung. Und ganz so sicher ist es auch nicht, ob es gut ausgehen wird mit ihr.

Vielleicht tun wir uns auch deshalb schwer zu ermessen, wie gewaltig der Schritt war, den Fernando da unweigerlich von sich gefordert sah, weil es bei uns heute durchaus so selten nicht vorkommt, daß jemand seine Lebensspur wechselt, seinen Beruf aufgibt, etwas Neues probiert oder gar – und dem Ernst, der Tragik, der Wucht deutlich näher – einen Lebenspartner verläßt. Wenn wir eine Sekunde daran denken, was in der Umgebung eines Mannes an Erschütterungen ausgelöst wird, der nach vielen Jahren sein Priesteramt niederlegt. Oder denken wir an einen Ordensmann, eine Ordensfrau, die dem einmal eingeschlagenen Weg den Rücken zukehren! Das geht nicht so einfach. Das macht man nicht »einfach so« aus dem Handgelenk! Das hat Vorläufe, prägt und verwundet. Da tauchen innere Entwicklungen, oftmals unter großen Schmerzen, an die Oberfläche, die ein Leben umkrempeln.

Selbst wenn ich überzeugt bin, daß dieser Schritt ins Neuland, ins Ungesicherte und noch Unbekannte der Schritt ist, der dran ist für mich, bleibt er anstrengend, konfliktgeladen und mühsam. Freunde bleiben zurück, Tagesabläufe, Lebensabläufe, Gewohntes, Vertrautes – all das bleibt hinten, verschwindet hinter dem Horizont. Irgendwann »heiliger Gehorsam« gelobt, einen Lebenskontext als bindend erfahren und frei akzeptiert. Und jetzt? Im »heiligen Ungehorsam«, der schlicht mindestens ebenso schwierig ist, das Neue. Und dieses Neue beginnt sich erst langsam abzuzeichnen, gewinnt erst langsam Konturen, auch wenn es das Ersehnte, das Gewünschte sein mag. Nein, so einfach wird es also nicht gehen, wird es nicht gegangen sein, gerade auch nicht in einer Zeit, in der Lebensentwürfe viel stärker gesellschaftlich und kirchlich gestützt *und* eingegrenzt sind.

Fernando gibt etwas auf. Aber was gibt es zu gewinnen? Bevor wir uns dem zuwenden, was uns überliefert ist aus diesem Wechseljahr 1220, müssen wir noch einen Blick werfen auf die beiden Pole jener Wechselbewegung, in die Antonius hineingerät.

Zunächst der Orden, den Antonius verlassen wird, die Augustiner-Chorherren. Sie haben bereits eine lange Geschichte hinter sich und sind, wie es bei langen Geschichten oft der Fall ist, schon ein Stück weg von ihren Idealen. Wirtschaftlich meist ganz ordentlich gesichert, mit festen und überkommenen Strukturen, leben die Mönche seit Jahrhunderten ihre Regel, leben persönlich eher bescheiden, doch die Kommunitäten sind gut ausgestattet für ihre Aufgaben in Seelsorge, Theologie und Politik. Doch das *radikale* Leben in Einfachheit, Armut, Ungesichertheit, dieses radikale Leben, dem Evangelium abgelauscht, ist recht weit weggerückt. Dennoch gibt es in diesem weitverzweigten Orden auch Reformbemühungen. Jacques Toussaert schreibt dazu: »Schließlich sucht der Orden der Augustiner-Chorherren selbst seit der Mitte des 11. Jahrhunderts nach einem Weg, dem Ideal der ›pauperes Christi‹ (der Armen Christi) wieder zu dem ihm gebührenden Platz zu verhelfen.« Aber wie schwierig es ist, verkrustete Strukturen aufzubrechen, sich zu alter Höhe und neuem Niveau zu erheben – das dürfte klar sein. In den alten Strukturen jedoch hätte Antonius einen gesicherten, versicherten Platz finden können! Und das mit steilen Aussichten, so steht zu vermuten.

Was ist nun das neue und faszinierende Moment an den Franziskanern, die die neuen Radikalen, die aber keine »Neuen Wilden« sind? Was ist da für Antonius so ausschlaggebend?

Nun, 1220 ist der Haufen der Franziskaner so klein nicht mehr. Aus den ersten paar bunt gemischten Gefährten (da waren einige wenige Priester dabei, aber gleichzeitig Analphabeten, Gelehrte, Geschäftsleute, Juristen) ist binnen *eines* Jahrzehnts erstaunlicherweise eine Gemeinschaft von Tausenden von Brüdern geworden, die vielfach in kleinen Predigttrupps durch Europa ziehen, ganz nach dem Motto des Hannes-Wader-Liedes »Heute hier, morgen dort!« Doch das alles ist bar jeglicher Lagerfeuer-Romantik. Ein einfaches, karges, oft enttäuschendes Leben. Nicht selten werden die Brüder verdroschen und verjagt. Man erkennt sie in einer Zeit, in der immer neue Armuts- und Bußbewegungen auftauchen und recht oft aus der Kirche herausdriften, nicht sogleich als »richtig« katholisch. Das Ordensgewand, wiewohl in der Form eines Kreuzes, sieht zunächst aus wie die Arbeitskluft »minderbemittelter« Hirten. Richtige »Ordensstrukturen« gibt es eigentlich auch noch kaum – zwar eine Regel, aber die verdient diesen Namen im rechtlichen Sinn kaum, dazu ein jährliches Treffen zur Planung, das Generalkapitel um Pfingsten in Portiunkula unterhalb Assisis. Es gibt kleine Ordensniederlassungen. Doch die darf man sich noch keineswegs als »richtige« Klöster vorstellen. Es sind Hütten, kleine Häuser, die den Brüdern zur Verfügung gestellt werden von Freunden und Gönnern. Es sind fast alles »Übergangsorte«. Meist in den aufblühenden Städten, dort aber bezeichnenderweise am Rande, an der oder gar außerhalb der Stadtmauern. Die Konvente sind klein. Die Brüder viel öfter sogar einfach unterwegs, sie predigen, verdienen sich ihren Lebensunterhalt durch Tagelöhner-arbeit und nehmen, wenn das einmal nicht reicht, Zuflucht am »Tisch des Herrn«: sie betteln also!

Neben den kleinen Gemeinschaften in den Städten gibt es noch eine andere Form des brüderlichen Lebens: das Le-ben in Einsiedeleien. Zwei, drei, vier Brüder ziehen sich für eine gewisse Zeitspanne in die Wälder und Berge zurück, widmen sich ganz dem Gebet, der Betrachtung. Das klingt sehr beschaulich und romantisch, zumal wenn man sich einige der Lieblingseinsiedeleien des heiligen Franziskus anschaut (die sind alle schon landschaftlich so reizvoll, daß einem das Lob des Schöpfers wirklich schnell über die Lippen kommt). Doch wir dürfen nicht verges-sen, daß die Brüder dort bei Wind und Wetter draußen sind, kein Dach über dem Kopf haben, allenfalls eine natürliche Höhle, einen dichten Baum oder einen Ver-schlag. Von Zentralheizung oder anderem Komfort darf man schweigen!

Aber auch manch anderes ist in diesem Orden noch ganz unreguliert. Zum Beispiel gibt es noch nicht einmal ein fest eingerichtetes Noviziat. Will jemand sich der Gruppe der Brüder anschließen, dann klopft er einfach an und fragt, ob man ihn aufnehmen will. Er wird lediglich nach seinem katholischen Glauben, seinem Willen, Minderbru-der zu werden, gefragt – und darüber, ob er etwas über die Sakramente der Kirche wisse. (Letzteres ist damals wohl so etwas wie der Knackpunkt der Rechtgläubigkeit. An ihm entscheidet es sich, ob jemand zur Kirche oder eigent-lich schon zu einer der vielen Sekten, Gruppen und Bewe-gungen gehört.) – So schnell geht das – und schon ist einer Minderbruder.

Aber trotz, höchstwahrscheinlich sogar gerade wegen all dieser »Unorganisiertheit«, Offenheit, wegen dieser Ein-fachheit und Unkompliziertheit haben diese Minderbrüder mit ihrem Anführer und geistlichen Motor Franziskus von Assisi Strahlkraft, treffen und »befriedigen« sie die Sehnsüchte ihrer Zeit – und zwar *innerhalb* der Kirche. Und sie treffen diesen jungen Augustiner-Chorherren am Rand der Welt – und der gibt seine Sicherheiten auf. Wegen solch einer Bande! Einfach verrückt!

Noch eine Lebensentscheidung

1220 also – das Wechseljahr, das Entscheidungsjahr für Fernando. Immerhin, Ortswechsel und Wechsel von Lebensumständen hat er bereits das eine oder andere Mal »geübt«: weg von den Eltern ins Kloster der Augustiner-Chorherren in Lissabon, dann der Wechsel von dort aus nach Coimbra. Einübungsjahre in das Ordensleben, Einübungsjahre in die Theologie, in die Bibel vor allem. Wie gerät Fernando nun in den »Sog« der noch so jungen und von manchen recht argwöhnisch beobachteten und beäugten franziskanischen Bewegung, die erst so langsam zu einem »richtigen« Orden wird?

Zwei Faktoren, zwei Einflußlinien, so scheint mir, lassen sich aus den Quellen und Berichten über Fernando für diesen schnellen und doch folgerichtigen Schritt herausfiltern: Zum einen dürfte das geistige Klima in Spanien und Portugal (die Iberische Halbinsel ist ja noch größtenteils in der Hand des Islam) durch den grausamen Martertod der franziskanischen Brüder Berard, Petrus, Accursius, Adjutus und Otho am 16. Januar 1220 in Marokko massiv beeinflußt sein. Diese waren 1219 nach Spanien gekommen – und das mit dem festen Willen, den Märtyrertod zu sterben. Also gehen sie mitten in die Höhle des Löwen und – bei Licht betrachtet, den allzu frommen Überzug um die Geschichte ablegend – provozieren ihren Tod, weil sie die Moslems provozieren und sich schlicht unmöglich aufführen. Aber, sie »schaffen« es und werden erschlagen, auch wenn das wohl gar nicht so sehr »im Sinne des Erfinders«, des heiligen Franziskus, ist, der in der nicht bestätigten Regel, die der Orden während des Pfingstkapitels 1221 in der Nähe von Assisi zu Gesicht bekommt, im 16. Kapitel von den »Brüdern, die unter die Sarazenen und andere Ungläubige gehen wollen«, schreibt:

»Die Brüder aber, die hinausziehen, können in zweierlei Weise unter ihnen (den Ungläubigen also) *leben. Eine Art besteht darin, daß sie weder Zank noch Streit beginnen,*

sondern um Gottes willen jeder menschlichen Kreatur un-
tertan sind und bekennen, daß sie Christen sind. Die ande-
re Art ist die, daß sie, wenn sie sehen, daß es dem Herrn ge-
fällt, das Wort Gottes verkünden.«
Von »Selbstmord«, von provoziertem Martertod ist da
keine Rede. Was Franziskus da schreibt, klingt aufregend
modern und prophetisch: Toleranz, Achtung vor Anders-
denkenden, Andersglaubenden. Und all das ohne Gewalt
oder Provokation. Für Franziskus selbst markiert dieses
Stück der Regel jedenfalls einen Lernprozeß. Denn anfangs hatte auch er »Märtyrergelüste«, doch dann prakti-
ziert er in dieser aufgewühlten und kriegerischen Zeit
selbst schon einen anderen Weg – den, den er in seiner Regel fixieren wird. Aber er ist da eher eine Ausnahme, seiner Zeit weit voraus.
Der Normalfall sieht anders, sieht blutiger aus. Und dementsprechend aufgeregt ist auch die Reaktion, als der Infant Don Pedro die Leichen der Erstlingsmärtyrer nach
Spanien überführen läßt. Die Franziskaner, die Toten
wohlgemerkt, sind in aller Munde. Es ist – auch – ein rie-
siger Propagandaerfolg, doch einer, der – mir zumindest –
recht fremd und fragwürdig ist. Aber auf den jungen Augustiner-Chorherrn in Coimbra verfehlt das alles seine
Wirkung nicht: Auch Fernando will Märtyrer werden.
Und die zweite Komponente? Sie ist weit weniger spekta-
kulär und läßt sich für uns wohl auch viel leichter nachvollziehen, denn viele Berufungsfindungen haben auch
heute noch diesen Charakter: Es bahnt sich über persönli-
che Beziehungen etwas zuvor nicht Eingeplantes an.
Im Jahr 1217 hat die Königin von Portugal, Orraca, einer
herumziehenden Gruppe von Franziskanern in nächster
Nähe der Augustiner-Chorherren-Abtei von Coimbra
eine Einsiedelei geschenkt. Wir dürfen uns das nicht so
bombastisch vorstellen: Es war eine kleine Kapelle, auf
den Namen des San Antonio de Olivares geweiht, ruhig
gelegen inmitten von wohl recht einsamen Olivenhainen.
Da sind sie also, die Franziskaner, die »minderen Brüder«,
so ihr eigentlicher Namen, in unmittelbarer Nähe zu
ihrem zukünftigen Mitbruder, auf Tuchfühlung sozusa-

gen. Und ihre Art zu leben, sich bedingungslos auf das Evangelium von der radikalen Armut einzulassen, wird über kurz oder lang diesen Fernando anziehen und begeistern. Diese Brüder haben keine gesicherten Gestellungsverträge, heben nicht jeden Ersten das zum Überleben notwendige Kleingeld von der Sparkasse ab. Nein, sie leben von Almosen, die sie von Tür zu Tür erbetteln, oder von den Naturalien, die sie für kleinere oder größere Handlangerarbeiten in der Gegend erhalten. Oft schwärmen sie aus und predigen – und dann schwärmen sie von ihrem Gott. Dann kommen sie zurück an ihren »geschenkten Ort«, in ihre karge Einsiedelei und tanken auf in der Stille, im Gebet, im brüderlichen Leben miteinander.

Seit 1217 sind sie also vor Ort. Nicht nur einmal kommen sie und läuten bei der großen Abtei der Augustiner-Chorherren an und hoffen, daß von dem für ihre Begriffe überreich gedeckten Tisch der eine oder andere Brocken für sie abfällt. Und, so hat es den Quellen entsprechend den Anschein, oft ist es gerade Fernando, der ihnen die Klosterpforte öffnet, mit ihnen ein paar freundliche Worte wechselt und dann wohl auch ein paar gute Gaben. Fernando hat in diesen entscheidenden Jahren (immerhin sind diese Minderbrüder seit 1217 vor der Haustür, und bei Fernando fällt der Groschen nicht gleich im ersten Augenblick, daß das seine zukünftigen Mitbrüder sein werden) wohl die Aufgabe des »Gastpaters« in der Abtei inne: Er geht an die Pforte, wenn sich da jemand meldet, und versorgt die Neuankömmlinge. Es ist dies eine durchaus wichtige Position in einer derartigen Gemeinschaft, denn der Begriff der »Gastfreundschaft« hat schon von Urzeiten an einen hohen Stellenwert in den Klöstern. Man wird also nicht fehlgehen in der Annahme, daß bei solchen Gelegenheiten auch mehr ausgetauscht wurde als nur ein Beutel mit Lebensmitteln oder ein kurzer »Small-talk« über die laufenden Angelegenheiten! Und dann ist es einmal soweit:

»Und eines Tages – Fernando hatte sich wie gewöhnlich abgesondert, um die Minderbrüder zu begrüßen – sagte er unter anderem, während sie sich unterhielten: Geliebteste

Brüder, lebhaft wünsche ich mir, die Kutte eures Ordens anlegen zu können, vorausgesetzt, daß ihr mir versprecht, mich, sobald ich bei euch bin, in das Land der Sarazenen zu schicken, denn ich hoffe, daß auch ich die Krone der heiligen Märtyrer erlange.«

Da sind sie also wieder – die Märtyrer. Märtyrer und Franziskaner, Minderbruder also, will er gleichzeitig, bedingungsweise, werden. Diese ungebildeten und oft reichlich naiven Minderbrüder bringen den hochausgebildeten Augustiner-Chorherren dazu, daß der Groschen endlich fällt: Das ist es, was er will, wofür er sich endgültig entscheidet. Und jetzt geht es fast »holterdipolter«. Die so angesprochenen Brüder legen, aus eigener Vollmacht, schon den nächsten Tag für die »Einkleidung« fest. Schon tags darauf soll Fernando die ersehnte Kutte, die schmutzig-graue in ihrer Kreuzesform, übergestreift bekommen. Man sieht auch hier: Das geht alles sehr schnell und ohne kirchenrechtliche oder bürokratische Bedenken vor sich – immerhin ist Fernando ja seit Jahren fest in einer Gemeinschaft, der er durch einiges und eigentlich fest verbunden sein müßte. Aber Fernando scheint bei den Minderbrüdern auf den Geschmack des Evangeliums gekommen sein – neu, unverfälscht und lange gesucht: der radikale Geschmack der Armut, der völligen und unversicherten Hingabe an das Evangelium, das er so gut aus seinen theoretischen Studien kennt. Wie geht diese Geschichte weiter?

»Während die Klosterbrüder glücklich zu ihrem Konvent zurückkehren, blieb der Diener Gottes (Fernando) *zurück, denn er mußte den Abt um Erlaubnis für das bitten, was er vorhatte. Mit Mühe und nur durch inständiges Bitten konnte er ihm die Erlaubnis abringen, und am frühen Morgen, eingedenk des Versprechens, das sie gegeben hatten, kamen die Minderbrüder und legten dem Diener Gottes, wie vereinbart, im Kloster die Franziskaner-Kutte an. Die Einkleidung war soeben beendet, als einer seiner Kanonikerbrüder herbeigeeilt kam und voller Bitterkeit hervorstieß: ›Geh, geh, auf daß du heilig wirst!‹«*

Plötzlich steht Fernando also schmutzig-grau da, im Gewand, im Habit der Franziskaner, nicht mehr hell und weiß. Eine heftige Nacht mit dem Oberen: überreden und überreden. Und ein verbitterter, enttäuschter ehemaliger Mitbruder, der sich, ziemlich verständlich, nur mehr spöttisch und höhnisch zu benehmen weiß.

Was mag alles hinter diesen dürren Sätzen stecken, welche Entwicklung, welcher Kampf? Jedenfalls ist Fernando plötzlich draußen vor der Tür, vor der Pforte, an der er so lange Gäste empfing, ist Franziskaner und heißt, seit er diese neue Kutte anhat, *Antonius*.

Und gleich in die falsche Richtung

Die »Legenda assidua« erklärt, wie schon einmal berichtet, ganz hingerissen: »Antonius« bedeute annähernd »hoch tönend«. Es werde also schon in diesem Augenblick die große Predigerkarriere dieses Mannes vorausgenommen, der hoch tönend und tief schwingend von Gott wird reden können. Aber es liegt, was diesen Namenswechsel angeht, doch auch eine andere Lösung nahe: Bei den Franziskanern war es seinerzeit durchaus Praxis, daß man beim Ordenseintritt den Familiennamen zurückließ. Beispiele dafür gibt es genug: Franz *von* Assisi, Thomas *von* Celano, Julian *von* Speyer, um nur einige zu nennen. Zu ihrem Vornamen tragen die Brüder den Namen ihrer Herkunftsorte. Bei Antonius könnte es also sein, daß er, um das angebrochene Neue zu signalisieren, sich nicht »Fernando von Lissabon« nennt, sondern, nach seinem ersten Ort bei den Minderbrüdern in der Einsiedelei von San Antonio de Olivares, »Fernando von San Antonio«. Dies könnte dann später zusammengeschmolzen sein auf den Antonius, den wir kennen. Jedenfalls: Von Padua ist zur Zeit noch nicht die Rede. Antonius hat es noch nie gesehen.

Sommer 1220: ein neuer Name, eine neue Umgebung und auch ein neuer Plan. Antonius will sobald als irgend möglich aufbrechen, um bei den Moslems im Bereich der Almohaden-Dynastie zu missionieren und den Märtyrertod in dieser Aufgabe zu finden. Das Stichwort, das Zauberwort heißt Marokko, auch wenn wir nicht so genau wissen, welches Territorium damit gemeint war. Es muß nicht unbedingt identisch sein mit dem heutigen Staat Marokko an der Nordwestecke Afrikas.

Ein neuer Plan also! Antonius bringt ihn schon in den Orden der Minderbrüder mit, hat ihn sozusagen als einziges Umzugsgepäck in der Tasche, als sich hinter ihm die Pforten der Augustiner-Chorherren-Abtei schließen und ihn in eine neue Phase freisetzen.

Der bedingungsweise Eintritt in einen Orden, welcher Couleur auch immer, mag uns heute mehr befremden als die Brüder damals. So ganz in Einklang zu bringen mit dem Versprechen von Gehorsam und Armut ist das in unserer Sicht kaum. Viel eher hätten wir erwartet, daß Antonius jetzt sagt: »Hier bin ich! Ich freue mich, bei euch zu sein! Jetzt schickt mich und ich mache, was ihr denkt!« Doch ganz so glatt und heilig geht sie nicht über die Bühne, die »Sache Antonius«. Der eigene Wille soll schon noch durchgeboxt werden. Aber bald wird Antonius dazulernen müssen.

Zunächst läuft noch alles nach Plan. Kaum ist Antonius bei dem Minderbrüdern in Olivares, geht er den für ihn zuständigen und neuen Oberen, Johannes Parenti, der seinen »Sitz« in Spanien hat, an und erhält, in Einlösung des gegebenen Versprechens, die Erlaubnis, nach »Marokko« aufzubrechen. Es beginnt damit aber eine Reise, die einen völlig anderen Verlauf nimmt, als Antonius ihn zunächst für sich ausgeäugt hat: Von Ende 1220 bis etwa Pfingsten 1221 wird er unterwegs sein, aber das geplante Martyrium findet er nicht. Überhaupt scheint die ganze Sache kein berauschender Erfolg zu werden. Zu unserer großen (und wahrscheinlich auch seiner) Überraschung sehen wir Antonius Pfingsten 1221 nämlich nicht als umjubelten, aber reichlich toten Märtyrer in Marokko, sondern als recht kleines und bescheidenes Lichtchen beim Mattenkapitel des Ordens in der Nähe von Assisi, in Portiunkula.

Was war geschehen? Nun, wir wissen es kaum. Die Berichterstattung über die »Missions- und Martyriumsreise« des frischgebackenen Minderbruders Fernando von San Antonio ist einmal mehr eher dürftig. Und je jünger die Quellen und Berichte sind (also je weiter von der Reisezeit entfernt), desto bunter werden sie – aber da funkt uns eben immer wieder die »fromme Sage« dazwischen und das zurechtgezimmerte Heiligenbildchen.

Reiseroute, Orte, Namen von Begleitern (Franziskaner marschieren damals nicht getrennt, sondern, ganz dem Evangelium gemäß, immer mindestens zu zweien), Berichte von »Missionserfolgen«, von Bekehrungen in der hochzivilisierten Welt der Araber – lauter Fehlanzeigen. Dies schließt aber auch nicht aus, daß Antonius im Laufe dieser für uns reichlich dunklen Monate den einen oder anderen missionarischen Erfolg gehabt haben könnte. Wie dem auch sei, immerhin geistert noch ein Name durch die unterschiedlichsten Berichte: Bruder Filippo, ein Spanier, Laienbruder, könnte der Weggefährte des Antonius gewesen sein – aber auch der wird kein Märtyrer (wenn er es denn werden wollte), sondern stirbt viele Jahre später im Rufe der Heiligkeit in der Nähe von Siena in Italien.

Aber hören wir uns an, was die »Legenda assidua« zu diesem »Ausflug« des »bedingungsweisen« Franziskaners Antonius zu sagen hat, wie sie ihn deutet:

»Der Eifer in der Verbreitung des Glaubens drängte Antonius mit immer größerer Kraft, und das Verlangen nach dem Martyrium, das ihm im Herzen brannte, ließ ihm keine Ruhe. So geschah es, daß er gemäß dem Versprechen, das man ihm gegeben hatte und nachdem er die Erlaubnis dazu bekommen hatte, eilig in das Land der Sarazenen aufbrach. Aber der Allmächtige, der das Herz der Menschen kennt, stellt sich seinen Plänen entgegen, und indem er ihn mit einer schweren Krankheit heimsuchte, quälte er ihn schwer den ganzen Winter über. Nachdem er gesehen hatte, daß er nichts von dem, was er sich vorgenommen hatte, zu Ende führen konnte, war Antonius, um zumindest die Gesundheit des Körpers wiederzuerlangen, gezwungen, sich auf den Rückweg in die Heimat zu machen. Auf der Schiffsreise aber, während er sich vorbereitete, in Spanien an Land zu gehen, sah er sich auf Grund der schweren Stürme an den Stränden Siziliens abgesetzt. Ungefähr um diese Zeit wurde beschlossen, das Generalkapitel bei Assisi abzuhalten. Antonius, nachdem er von einigen Brüdern in Messina davon gehört hatte, erreichte den Ort des Kapitels so gut er konnte und schien kräftiger, als er in Wirklichkeit war.«

Schlag auf Schlag geht es da jetzt: Aus dem ungestümen, martyriumssüchtigen Franziskanerneuling wird einer, der sich gescheitert sieht, der nichts (so kraß die Assidua!) zu Ende führt von seinen Plänen und obendrein krank wird.

Die Marschrichtung bestimmt nicht mehr Antonius selbst, sondern unter dramatischen Umständen kommt ein anderer zum Zug, stellt sich ihm in den Weg, bestimmt und leitet den neuen Kurs. Auch wenn die Reise vielleicht nicht ganz der drastische Fehlschlag war, wie uns die Assidua glauben machen möchte, getroffen und verletzt haben wird die Entwicklung diesen auf- und einbrechenden Helden Antonius allemal. Und das geht bis ins Körperliche hinein. Jedenfalls hat Antonius nicht mehr das Kommando. Dafür ist er zu schwach, zu krank. Sumpffieber, Malaria, Nervenleiden, Angstzustände – das sind so einige der Ferndiagnosen, die im Laufe der Jahre über die seltsame Krankheit des Antonius gestellt werden.

Sicher aber ist eines: Er wird sich bis ins Jahr 1222 so recht von seinen Krankheiten nicht erholt haben. Die angeschlagene Gesundheit wird ein Dauerproblem bleiben. Antonius wird dann ja auch, nach einem beklemmenden Arbeitspensum, recht jung (wenn auch nicht außergewöhnlich jung) sterben. In Zukunft mag er einen gesünderen, lebenspralleren Eindruck machen, aber der entspricht nicht mehr der Wirklichkeit. Anstrengungen und Enttäuschungen prägen also die unmittelbaren Monate nach dem Wechsel zu den Franziskanern. Pläne werden durchkreuzt. Gestellte Bedingungen werden weggefegt von einer Wirklichkeit, die andere Pläne einzufädeln beginnt.

Immerhin übersteht Antonius die Reise, gelangt über einen, wenn auch nicht geplanten und stürmischen Umweg nach Sizilien und von dort nach Assisi. Das sind Entfernungen, die nicht so locker im Zug oder Flugzeug zurückgelegt werden. Aber: Assisi – endlich Assisi. Und: Franziskus – endlich Franziskus! Antonius, dem die Zügel aus den Händen geglitten sind, der seine Pläne in den Wind schießen lassen mußte (und die Assidua sagt ja deutlich, wer daran »schuld« war!), gelangt über diesen Zickzackkurs in die »Zentrale« seiner neuen Gemeinschaft. Und gleich in die Zentralversammlung – Generalkapitel.

Jetzt wird er Franziskus zu Gesicht bekommen, so mag Antonius denken. Nach dem energischen Aufbruch und dem heftigen Absturz vielleicht ein Trost. Und vielleicht auch ein Trost, daß er, Antonius, in Franziskus einen Bruder finden könnte, der mindestens so angeschlagen ist wie er selbst.

Es gibt da ja erstaunliche Parallelen: Franziskus hat in den Jahren 1212–1214 Missionsreisen nach Syrien und Marokko (!) unternommen, wollte ebenfalls Märtyrer werden. Auch Franziskus wird durch Krankheiten aus vollem Lauf heruntergebremst. Und 1220 – das ist ein Jahr, in dem wir uns Franziskus auch nicht mehr als den lockeren Bänkelsänger Gottes vorstellen dürfen, immer fröhlich, immer ein Liedchen auf den Lippen; die Leitung des Ordens gibt er ab, enttäuscht und ermüdet von Querschlägern aus den Reihen der eigenen Brüder. Obendrein ist Franziskus, schlimmer noch als Antonius, ein todkranker Mann. Von einer weiteren Missionsreise in den Jahren 1219 und 1220 bringt er, der jetzt schon eine andere, modernere Weise des Umgangs mit Andersglaubenden gelernt hat, eine lange Latte von Krankheiten mit: Krebs, Malaria, Magengeschwüre; zudem beginnt Franziskus langsam zu erblinden. Schwere Depressionen werden ihn beuteln bis an sein Lebensende. Das aber, genau das wird der Franziskus des »Sonnengesangs« sein (und der ist kein hübscher, frommer Schlager, sondern Ausdruck eines »erlittenen« Glaubens an die Güte Gottes, die weiter reicht als die längste Diagnoseliste).

Es bewegt sich einiges

Momentaufnahmen haben ihren Reiz; ins Zeitlose und über die Zeit hinweggerettet die seltenen Augenblicke, in denen sich Entscheidendes zuträgt, in denen Weichen gestellt werden, sich Lebenswege kreuzen, überschneiden, geschichtliche Figuren in Kontakt kommen, die nachmals von einer gewaltigen Gloriole umgeben sein werden. Assisi, 30. Mai 1221: Das könnte so ein Datum gewesen sein. Die zwei »Giganten« des Franziskanerordens, seiner Gründerzeit – fast auf Tuchfühlung. »Fast« – denn ob unsere beiden Helden überhaupt ein Wort miteinander gewechselt haben in diesen turbulenten Tagen, ist so sicher nicht. Aus der Distanz von über 700 Jahren sind wir gewohnt, beide auf mächtigen Podesten zu sehen. Beliebig viele Figuren und Statuen in Hunderten von Kirchen haben uns das gelehrt. Der verklärte Blick, der verkehrte Blick. Meterhoch stehen sie beide über dem Boden, unangreifbar, fast unwirklich, wenig Fleisch und Blut. Und sogleich stellen sich die falschen Bilder ein: Wenn zwei derartige Personen, für unseren Blick »Glaubensriesen«, zusammenkommen, dann müssen doch die Funken stieben, da muß doch die »Post abgehen« in dieser Brüdergemeinschaft, da steckt doch »Power« drin.
Die Wolke aus vorsorglich ausgestreutem Weihrauch vernebelt uns völlig den Blick. Es wird sehr anders gewesen sein. Auch wenn wir diesbezüglich gar nicht so viele Informationen haben. Die »Legenda assidua« zum Beispiel widmet diesem Generalkapitel, dieser so wichtigen Versammlung des Ordens, ganze zwei Nebensätze. Daß Franziskus auf Antonius freudestrahlend zugegangen, ihn herzlich in die Arme genommen und gesagt haben könnte, es sei schön, daß er endlich zu den »Richtigen« gestoßen sei – eine fromme Legende wäre das. Doch kein Wort davon! Aber es gibt genügend Worte, die uns den Zustand der beiden vor und nach dem Kapitel beschreiben, die das Klima einfangen und seine Wetterumschwünge.

Zwei Giganten? Nein, beileibe nicht! Freilich, der eine, Franziskus, ist der von allen bewunderte, geschätzte und nie zu kopierende Motor der ganzen Bewegung. Aber er ist krank, schwer krank, und die Sorgenfalten, die ihm »sein« Orden ins Gesicht gräbt, werden tiefer und länger. 1221 – wieder einmal ein Schicksalsjahr für die franziskanische Bewegung: Vieles steht auf dem Spiel für den Orden. Tagesordnungspunkte, die zu besprechen sind, gibt es mächtig viele. Der »Generalstab« der Franziskaner wälzt dicke Aktenordner. Es geht um die Regel des Ordens und ihre kirchliche Bestätigung. Es geht um die Gestaltung des gerade eben eingeführten Noviziates. Kirchenrechtler sind da und Kardinäle. Plötzlich, und für Franziskus sehr merklich, verändert sich das Angesicht seiner Gemeinschaft. Sorgenfalten und buchstäblich Fragezeichen in seinem Gesicht.

Ein Gigant ist er schon, unerreichbar, unnachahmlich, einzig – ein »Gigant« des Kleinen, Bescheidenen (obwohl er manchmal durchaus »unbescheiden«, also bestimmend und fordernd, auftreten kann!). Da sind mittlerweile so viele andere Brüder, die allenfalls mit Wasser kochen – für die will mitüberlegt und bedacht sein, wie der junge Orden seinen Weg geht, so daß auch sie Franziskaner, Minderbrüder bleiben oder erst recht werden können.

Unter ihnen der andere, Antonius – beileibe kein Gigant, allenfalls mit einem gigantischen Fehlschlag behaftet, fast allen anderen völlig unbekannt, der Volkssprache, des damaligen Italienisch, nicht mächtig (woher und warum hätte er es lernen sollen? Latein kann er und nach Italien wollte er ja auch nicht, sondern zurück nach Spanien und Portugal), obendrein in seiner Rekonvaleszenz steckend. Krank also auch er. Nein, dieser Antonius ist keiner, der die Fäden in der Hand hat, Regie führt.

In ein paar groben Strichen sei dieses Pfingstkapitel skizziert, an dem Antonius als Neuling, als »homo novicius«, als Randfigur teilnimmt.

Aus allen Ecken Europas strömen die Predigertrupps der Minderbrüder in Assisi, genauer: in Portiunkula, zusammen. Tausende sind es diesmal schon bei dieser jährlichen

Hauptversammlung. Sie kampieren unter freiem Himmel mehrere Tage lang in der Umgebung Assisis. Man muß sich die logistischen Probleme dieses franziskanischen »Open-air-Konzertes« nur einmal vorstellen. Doch die Bevölkerung spendet und spendet. Sie trägt die Verantwortung und die Last der Versorgung sehr gerne. Der Heilige ist wieder da, krank zwar und sorgenzerfurcht, aber er, Francesco, ist da, er, dem genau dieselbe Bevölkerung noch vor einem Jahrzehnt nachgerufen hat, er sei »il pazzo«, der Verrückte. Verspottet und ausgelacht haben sie ihn am Anfang – und jetzt? Wahrlich – da ist einiges passiert in der Zwischenzeit!

Doch zurück zum Kapitel. Eine Sitzung jagt die andere. Heftig gestikulierende Trupps wuseln durch die Gegend. Man ist kräftig am Pläne-Schmieden. Zwischen den Tagungen treffen sich die maßgeblichen Brüder und kämpfen um die richtige Linie: Einbindung in ein Regelwerk, Einbindung und größere Absicherung in und durch die Kirche. Welchen Preis darf man dafür bezahlen? Wie weit von den ursprünglichen Idealen des Franziskus, wenn auch mit seiner Billigung, abweichen? Wie darf man modifizieren? Es sind ja keine 12 oder 13 Brüder mehr, sondern Tausende. Da will organisiert werden. Und zwischendrin Kardinäle, allen voran Kardinal Hugolin von Ostia, Protektor des Ordens. Auch der Infant von Portugal taucht auf, jener Don Pedro, der die Leichen der in Marokko ermordeten Mitbrüder zurückgebracht hat. Das ist alles gerade einmal ein Jahr her. Und die Brüder hängen an seinen Lippen, als er, der König mit seinem Gefolge, anfängt zu erzählen: Seine Lippen ersetzen die Tageszeitungen. Viele der Brüder haben noch sehr wenig von »ihren« Erstlingsmärtyrern gehört.

Wie mag es Antonius dabei ergangen sein, der Randfigur, als ihm in diesem Don Pedro ein Stück Heimat, wenn auch wohl eher aus der Ferne, begegnet? Als erzählt wird von den Märtyrer-Brüdern, die indirekt seinen Weg beeinflußt haben? Die ein Ziel erreicht hatten, mit dem er auch aufgebrochen war und an dem er dann so kläglich gescheitert war? Auch darüber wird kein Wort verloren!

Sitzungen, Besprechungen im großen und im kleinen Kreis. Dazwischen der große Pontifikalgottesdienst zu Pfingsten. Kardinal Renieri Capoccio, Bischof von Viterbo, zelebriert. Franziskus assistiert als Diakon und hält die Predigt. Und er hat Anlaß genug, seine Vorstellungen und Positionen darzulegen.

Dann folgen Wahlen (das Generalkapitel von 1221 wird das letzte Kapitel in der Geschichte des Ordens sein, bei dem alle Brüder Wahlrecht haben. Auch das ein Zeichen dafür, daß sich das eine oder andere in dieser Gemeinschaft verändert); dann neigt sich auch dieses brüderliche Treffen dem Ende zu. Kurz bevor die Brüder wieder in alle Richtungen aufbrechen, wird noch ein Missionstrupp für Deutschland zusammengestellt. Der deutschstämmige Franziskaner Cäsar von Speyer bildet mit einer Gruppe von 90 Mitbrüdern die Mannschaft, die sich auf den beschwerlichen Weg über die Alpen machen wird. Und – es ist kein Witz – diese Brüder machen sich auf das Schlimmste gefaßt: wieder einmal auf das Martyrium, denn einige Jahre vorher war ein erster Zug von Franziskanern, die ganz naiv und ohne Sprachkenntnisse in den Norden aufgebrochen waren, böse verdroschen worden. (Sie hatten, so wird gesagt, auf die Frage, ob sie denn Ketzer seien, mit ihrem ganzen deutschen Wortschatz geantwortet, nämlich mit dem einzigen deutschen Wort, das sie konnten, mit »Ja«.) In der Regel aber gehen die Mitbrüder keinen derart schweren Zeiten entgegen, sondern kehren zurück in die angestammten Provinzen, aus denen sie zum Kapitel geströmt waren.

Momentaufnahmen einer Generalversammlung! Aber was treibt Antonius?

Ein einsamer, sprachloser und kranker Portugiese am Rande der Ereignisse – so müssen wir ihn uns vorstellen. Der Sprache wohl kaum ganz mächtig (auch wenn das frühe Italienisch seiner Muttersprache verwandt ist), von Kenntnissen über die Vorgänge im Orden, von der Ordenspolitik gänzlich unbeleckt, steht er da und findet sich isoliert unter der Masse der Italiener. Voller gemischter Gefühle müssen wir ihn uns wohl vorstellen. Einerseits, wie gesagt, endlich Assisi, endlich Franziskus und die vielen anderen, endlich mitten im zeitweiligen Zentrum, doch in diesem Zentrum böse am Rand, betrübt, zweifelnd, gesundheitlich angeschlagen (damit haben einige Biographen versucht zu erklären, warum Antonius in keinen Missionstrupp aufgenommen wird. Und das wohl auch zu Recht), enttäuscht von jüngsten Erfahrungen und auf der Suche nach einer neuen inneren Stabilität.

Versuchen wir, uns die Lage vorzustellen: Von einem Tag auf den anderen kehrt Stille um Assisi ein. Die Brüder packen, Gruppe für Gruppe, ihre Schlafsäcke und Luftmatratzen und machen »Autostopp« in Richtung auf ihre Bestimmungsländer. Der Staub, den sie aufwirbeln, legt sich. Stille. Und buchstäblich von allen guten Geistern verlassen, hängt ein einsamer Portugiese in den Wäldern um Portiunkula herum und weiß nicht weiter. Soll er nach Portugal zurück? Aber dafür ist er noch nicht gesund genug! Vielleicht gibt ihm ja einer den guten Tip, er solle noch eine Weile in Assisi und Umgebung bleiben, sich erholen und dann zurückkehren. Vielleicht aber auch nicht. Anfang Juni 1221 steht Antonius mutterseelenallein in der, wenn auch schönen, Landschaft »herum«.

Selbst der lokale Obere der Brüder in Spanien und Portugal, zu denen der Neuling Antonius auch nach seiner gescheiterten Afrikareise rechtlich gehört, ist verschwunden. Es ist dies, nebenbei bemerkt, immer noch jener Johannes Parenti, von dem Antonius die Erlaubnis zu seinem Aufbruch nach Marokko erhalten hat. Eben dieser Johannes Parenti wird in den letzten Lebensjahren des Antonius der Obere des Gesamtordens sein, der Generalminister. Seine Amtszeit dauert vom 29. Mai 1227 bis zum 29. Mai 1232. Bruder Johannes Parenti wird also im Prozeß der Heiligsprechung des jetzt noch völlig unbedeutenden Portugiesen seine Rolle gespielt haben, denn am Tage nach dem Ablauf seiner Amtszeit, am 30. Mai 1232, wird Gregor IX. diesen jungen Portugiesen heiligsprechen. Doch von dieser Entwicklung ist noch lange nicht die Rede. Dergleichen zeichnet sich lange noch nicht ab.

Erklärungsversuche für eine der unheimlichsten, menschlich erschütterndsten Szenen (so wenigstens stellt sie sich für mich dar) im Leben des Antonius gibt es einige: Manche meinen, Franziskus habe ihn absichtlich links liegengelassen, um ihn, den Gelehrten und Gebildeten, zu demütigen, ihn auf Minderbrüderformat zu schleifen. Aber das entbehrt jeglicher Grundlage: So engen Kontakt wird Franziskus zu Antonius im Laufe dieser Woche kaum gehabt haben (und der einzige Ordensneuling wird Antonius ja auch nicht gewesen sein, dem man den großen Bahnhof hätte machen können). Und demütigen wird er ihn wohl auch kaum wollen. Franziskus hat andere Sorgen. Manche Interpreten denken aber auch, daß ein paar Obere, allen voran der portugiesische, in Antonius nur einen Mann von geringem praktischen Wert sahen: ein kopfgesteuerter Intellektueller mit zwei bis drei linken Händen, noch dazu krank. Wäre dem so, dann dürfte man diesen Oberen kein sehr gutes Zeugnis ausstellen. Einen kranken Bruder links liegenlassen – das gibt kein gutes Bild.

Zu verdauen hat Antonius jedenfalls eine Menge. Und die Frage bleibt schon auch: Woher nimmt er, so geschwächt, enttäuscht und verwundet er sein mag, die Kraft, damit umzugehen? Was oder wer hält ihn jetzt, trägt ihn, damit er aushält und die Flinte eben nicht ins Korn wirft?

Ein Licht unter dem Scheffel?

Mit großem Bahnhof, mit ausgerolltem roten Teppich und jeder Menge von Scheinwerfern ist Antonius also nicht empfangen worden im Kreis der Brüder in Italien. Bei dem so großen und entscheidenden Generalkapitel spielt er wahrlich keine sehr hervorgehobene Rolle. Der Vorhang fällt. Ein Statist bleibt auf der Bühne, eine Szene, die wohl so manchem das Genick gebrochen hätte. Die »Legenda assidua« beschreibt sie folgendermaßen:

»Nachdem das Kapitel wie gewöhnlich abgeschlossen war und die Provinziale die ihnen anvertrauten Brüder zu ihrem Bestimmungsort geschickt hatten, blieb nur Antonius verlassen beim Generalminister zurück, da er von keinem Provinzial gewünscht worden war – wie einer, der, weil er unbekannt war, zu nichts gut schien. Endlich, nachdem er Bruder Gratian beiseite gebeten hatte, der damals die Leitung der Ordensbrüder der Romagna innehatte, begann der Diener Gottes Antonius ihn inständig zu bitten, daß er ihn mit Erlaubnis des Generalministers mit sich in die Romagna nehme und ihn dort in den ersten Grundlagen des Ordenslebens unterweise. Er machte keine Andeutung über seine Studien, prahlte nicht mit dem Kirchenamt, das er ausgeübt hatte, sondern verbarg seine Bildung und seine Intelligenz aus Liebe zu Christus und erklärte, nichts anderes zu wollen, als den gekreuzigten Christus kennenzulernen, zu begehren und sich ihm anzuschließen. Bruder Gratian, der diese außergewöhnliche Frömmigkeit bewunderte, erhörte die Bitten des Gottesmannes, nahm ihn mit sich und führte ihn in die Romagna. Nachdem er dort durch Gottes Fügung angelangt war, erhielt Antonius die Erlaubnis, sich in die Einsiedelei von Monte Paolo zurückzuziehen, wo er, allem Lärm der Welt entrückt, in den Frieden der Stille vordrang.«

So kann man das natürlich auch sagen. Aber daß hier aus jedem Komma, jedem Punkt, jedem Satzteil Weihrauch aufsteigt, ist mehr als nur augenfällig. Der Tenor dieser

Heiligensymphonie ist dann auch leicht zu durchschauen: Je tiefer unser Heiliger im Schlamassel sitzt, je demütiger, bescheidener und beschaulicher er uns vorgestellt wird, desto größer wird die Gloriole sein, die man ihm dann, dank der Gnade Gottes, wird winden dürfen.

Aber ein paar Fragen an die fromme Legende bleiben. Wenn wir den Überzug, den Vorhang von der Szene wegnehmen, dann sehen wir wohl zunächst einen äußerst desorientierten Mann. Er war aufgebrochen, um als »neuer« Franziskaner Ernst zu machen mit dem Satz »Keiner hat eine größere Liebe als der, der sein Leben hingibt...« Daraus ist nicht so viel geworden in Marokko. Und doch – der Anfangsschwung, der in diesem Satz anklingt, ist einer der wichtigsten. Jetzt, in Assisi, ist er mehrfach gebrochen: erfolglos ist er, Antonius; krank ist er, und die Brüder lassen ihn links liegen. Das könnte, unter normalen Umständen, genügen, um zornig den Krempel hinzuwerfen und zu sagen: Gut, also habt ihr mich nicht verdient. Macht euer Zeug alleine! Daß wir Antonius in seiner Krise so nicht sehen müssen, das ist für mich das eigentliche Wunder an dieser Begebenheit. Antonius scheint langsam zu begreifen, daß man den Satz auch anders buchstabieren und leben kann: Keiner hat eine größere Liebe als der, der seine auch noch so richtigen und gewichtigen Pläne hingibt für... – ja, für wen eigentlich? Ich denke, da offenbart sich wirklich für einen ersten und noch sehr leicht zu verpassenden Augenblick die Größe, die Kleinheit, das Holz, aus dem dann tatsächlich ein Heiliger geschnitzt werden kann.

Keiner will ihn, keiner sieht, was für ein Potential in diesem Kerl steckt. Aber zur Entschuldigung der Brüder sei auch gesagt: so einfach wird das nicht zu erkennen gewesen sein. Der angeschlagene und nicht zu knapp von sich selbst enttäuschte Antonius wird für sie kaum den Eindruck gemacht haben, als würde er unmittelbar anfangen, Bäume im Dienste der Evangelisation auszureißen. Diesen Eindruck verschweigt die »Legenda assidua« ja nun auch beileibe nicht. Zudem sehen wir in dieser Darstellung den später so wortgewaltigen Prediger eher in der Rolle eines

stummen Fisches: Er macht sein Maul kaum auf. Er erzählt nichts von seiner Vergangenheit, von seiner Ausbildung, seinen Fähigkeiten, verbirgt die Tatsache seiner
Priesterweihe (und wir müssen uns klar darüber sein, daß
es im Orden der Franziskaner damals auch nicht gerade
von Priestern gewimmelt hat, wenngleich sich einige
schon im ersten Anfang dem heiligen Franziskus angeschlossen haben). Also nachgerade leicht gemacht haben
wird es Antonius den »Seinen« auch nicht an dieser Stelle
der Geschichte. Doch umgekehrt gilt das eben auch.
Aber einer erbarmt sich dann doch: Gratian, Provinzial
der Romagna, nimmt Antonius mit sich, nachdem ihn dieser inständig anbettelt. Die »Legenda assidua« schiebt
auch gleich ein Motiv nach: Antonius will in die ersten
Grundlagen des Ordenslebens eingeführt werden. Doch
so allgemein darf man das wohl nicht stehenlassen. Immerhin war Antonius ja durchaus schon seit über zehn
Jahren in einem Orden: Etwa 1210, erinnern wir uns, ist er
bei den Augustiner-Chorherren eingetreten, er ist Priester
und ausgebildeter Theologe. Einiges dürfte ihm, so können wir leicht mutmaßen, schon vertraut gewesen sein.
Auch wenn die Franziskaner in jener Zeit noch ein recht
eigener Haufen waren, streckenweise reichlich unorgani-
siert und heftig von einem Tag auf den anderen hoffend,
daß die Vorsehung es gut mit ihnen meint, so bleiben doch
zentrale Dinge trotzdem allenthalben ähnlich oder gleich.
Stille, Betrachtung, Gottesdienst und Gebet und anderes
mehr.
Dennoch dürfen wir das Ansinnen des Antonius nicht auf
die leichte Schulter nehmen und sagen, er wäre einfach
schon ein »alter Hase«. Es gibt – und das sieht er wohl
nicht zuletzt aufgrund der Erfahrungen in Afrika – für ihn
schon noch das eine oder andere zu lernen: Bei den Franziskanern ist er nicht der zukünftige Prälat, sitzt er nicht
am schon gedeckten Tisch. Die Lebensordnung, die Tagesordnung ist durchaus neu und bei weitem nicht so sicher organisiert und aus einer langen Tradition gespeist
wie die Ordnung der Augustiner-Chorherren vormals.
Auch sollten wir nicht vergessen: Antonius ist in einem

neuen Land, mediterran zwar auch das, doch zwischen Italien und Portugal liegen Welten. Hier pulsiert ein völlig neues Leben »Marke« Frühkapitalismus: Die Städte erwachen. Man zahlt mit Geld. Man hat weitverzweigte Handelsbeziehungen. Alte Ständeordnungen geraten ins Rutschen.

Diese Liste ließe sich leicht verlängern. Sie sagt aber auch eines an dieser Stelle ganz deutlich: Antonius befindet sich nicht nur in einem anderen Land, in einer anderen Atmosphäre – er befindet sich auch in einer »anderen Zeit«. Italien – da bricht eine neue Zeit an, von der er wenig ahnt, wenig erfahren hat bisher. Portugal ist da noch tiefste und reinste Provinz. Mittendrin steht er also als einer, der sich gleichzeitig an viel Neues gewöhnen und zudem körperlich erholen muß, der die Sprache der Leute, das »Volgare«, eine Frühform des Italienischen, auch noch nicht so gut beherrscht – das ist die Sprache, in er die Minderbrüder predigen und in der sie verstanden werden vom einfachen Volk –, wenn auch die Unterschiede der romanischen Sprachen in dieser Zeit insgesamt wohl noch weniger unüberwindlich sind als heute.

Schauen wir uns all das an, dann hat Bruder Gratian in dieser Hinsicht wohl doch das einzig Richtige getan, als er Antonius mit ein paar wenigen Mitbrüdern in eine Einsiedelei steckt, damit er Luft holen, das eine oder andere verdauen und auf die Reihe bekommen kann.

Montepaolo heißt der nächste Ort auf dem Weg des Antonius. Eine Einsiedelei, drei, vier Mitbrüder in der Landschaft, die sich im Turnus abwechseln, »Mütter« und »Söhne« füreinander zu sein: zwei Brüder kümmern sich, als »Mütter«, um den spärlichen Haushalt, während die beiden »Söhne«, also der Rest der Besatzung, sich der Meditation und Kontemplation widmen. Dieses Montepaolo wird, wenn ich recht sehe, für Antonius das letzte längere »beschauliche« Stück Lebensweg sein (ganz im Sinne der Regel organisiert, die Franziskus irgendwann zwischen 1217 und 1221 für ebendiese Einsiedeleien entwirft und die uns überliefert und bekannt ist). Nach Montepaolo wird es Schlag auf Schlag gehen, neue Orte, neue Aufgaben. Und das eigentlich durchgängig bis zum Lebensende. Noch einmal Luft holen. Zwar haben manche behauptet, in diesem Ort Montepaolo (wohl in der Nähe von Forli gelegen, also zwischen Rimini und Bologna, doch da läßt sich auch trefflich disputieren bei der Auswahl von »Montepaolos«, die Italien bietet) habe Antonius seine Talente nicht mehr und nicht weniger als unter den Scheffel gestellt und vergeudet, doch tendiere ich eher dazu zu meinen, hier sei wirklich noch einmal Zeit geschenkt worden zum Auftanken und zur Rekonvaleszenz – bevor dann die große Leuchte Antonius wirklich auf den Kerzenleuchter gestellt wird, sichtbar und hörbar für sehr viele.

Und dann? Auftritt Antonius!

»Ihr seid das Licht der Welt. Eine Stadt, die auf einem Berg liegt, kann nicht verborgen bleiben. Man zündet auch nicht ein Licht an und stülpt ein Gefäß darüber, sondern man stellt es auf den Leuchter; dann leuchtet es allen im Haus. So soll euer Licht vor den Menschen leuchten, damit sie eure guten Werke sehen und euren Vater im Himmel preisen.«

So lesen wir im Evangelium nach Matthäus. Gut so und richtig, doch wenn wir uns vor diesem Hintergrund das bisherige Leben des Titelhelden anschauen, dann könnten wir eher verblüfft sein. Gut 27 Jahre ist Antonius nun alt. Zwar hockt er auf einem Berg, dem knapp 400 Meter hohen Montepaolo, aber davon, daß er die große Leuchte ist oder bislang schon war, ist keine Rede.

Die Vorbereitungsjahre, die Vorbereitungszeit für die immensen Aktivitäten des nächsten und auch schon letzten Lebensjahrzehntes unseres Bruders Antonius neigen sich langsam dem Ende zu. Man könnte mit Fug und Recht sagen, daß das ganze bisherige Leben eine Art »Trainingslager« war für das, was jetzt so allmählich anhebt.

Doch zunächst Montepaolo: In der Einsiedelei mit zwei, drei Mitbrüdern darf Antonius den Schatten immer noch nicht oder nur kaum verlassen. Es wird ein eher gemächliches Leben gewesen sein in dieser relativen Abgeschiedenheit: ohne große äußere Aufregungen und mit viel Zeit für Gebet und Meditation. Das hat er, Antonius, aber durchaus auch nötig. Zudem, und vielleicht an erster Stelle, muß er sich darüber klar werden, was die eigentliche Botschaft aus den Ereignissen in Marokko und in Assisi beim Generalkapitel für ihn war. Man wird diese Botschaft mit einem schrecklich banalen Sprichwort beschreiben dürfen: »Der Mensch denkt, aber Gott lenkt.« Das sagt sich so einfach, doch wenn es einen selbst »erwischt«, wird man vorsichtiger und bescheidener formulieren, vor allem aber nicht so altklug, sondern verständnisvoller und zugleich überrascht, daß es diesem Antonius gelingt, sich wirklich unter den Willen Gottes zu stellen. Das war und ist beileibe keine einfache Übung: die richtige Stimme, die richtigen Wegweiser in der Masse der mehr oder weniger einsichtigen Ereignisse herauszufiltern. Auch deshalb wird Antonius diese Zeit in der Einsiedelei ganz gut getan haben. Stille und etwas mehr an innerem Frieden, wenn auch beileibe keine platte Zufriedenheit mit sich und der Welt. Er wird sich nicht einfach in den Sessel zurückgelehnt und die berühmten Däumchen gedreht haben. Daß er aber auf der anderen Seite einfach »wie ein Flitzebogen« gespannt war auf den Augenblick, an dem es so richtig losgeht, werden wir auch kaum erwarten dürfen.

Montepaolo. Einsiedelei. Relative Ruhe und Muße. Einfache Tagesordnung: Mal ist der mit dem Abspülen dran, mal die anderen. Mal ist der mit dem Vorbeten dran, mal die anderen – gut nach der Regel des Franziskus für die Einsiedeleien.

Hin und wieder wird Antonius auch die Messe gelesen haben für die Brüder. Das war damals, anders als bei uns heute, wo täglich heilige Messen gefeiert werden, eher ein selteneres Ereignis (Noch ein Schlaglicht dazu: Franziskus hat wahrscheinlich, so rechnete einmal jemand hoch und spekulierte, in seinem ganzen Leben nur ein paar dutzend Mal die heilige Kommunion empfangen; und das bei – oder gerade wegen – seiner ausgesprochenen Eucharistiefrömmigkeit! Sicherlich ist eine derartige Zahl etwas willkürlich und ihr Wert höchst relativ, aber sie kann doch bewußt machen, daß sich auch auf diesem Feld einiges geändert hat). Ich nehme also nicht an, daß den Brüdern, angefangen mit Bruder Gratian, dem Provinzialminister der Romagna, der Antonius nach Montepaolo schickt, auf die Dauer verborgen bleiben konnte, daß der etwas unscheinbare und blasse Minderbruder aus Portugal Priester ist. Dazu wird er wohl zu bald mit dem Kirchenlatein angefangen haben (wie sonst hätte er sich verständlich machen sollen?) – und das »verrät« ihn selbstverständlich als Kleriker. Und da Priester eher selten sind im Orden und Antonius noch nicht wieder ganz fit und noch recht neu, bietet es sich an, daß er für eine Weile in einer Einsiedelei die sakramentale Sorge für die Brüder übernimmt. Das dürfte, so vielleicht der Gedankengang des Bruders Gratian, eine Aufgabe sein, die Antonius nicht überanstrengt. Also auf dem Berg ist er mittlerweile, aber noch nicht ganz über den Berg: Der Leuchter noch eher unter dem Scheffel. Doch das wird sich ändern.

Wie lange Antonius »unter dem Scheffel« war in Montepaolo, darüber gehen die Meinungen der Experten und der Legenden einmal mehr ziemlich auseinander. Recht sicher ist der Beginn: Unmittelbar nach dem Generalkapitel 1221 wird Antonius wohl noch im Juni 1221 nach Montepaolo geschickt. Wann sein Aufenthalt dort endet, ist demgegenüber eher unklar: Manche denken an den September des gleichen Jahres, andere wollen die Zeit dort ausgedehnt wissen bis in den September 1222. Aber diese Diskussion muß hier nicht ganz und gar aufgeklärt werden, denn langsam nähert sich der Zeitpunkt (wohl der Sommer 1222), an dem Antonius aus dem Schatten der Geschichte tritt oder, besser, gezerrt wird!

Es ist hier wieder einmal hohe Zeit, die »Legenda assidua« zu Wort kommen zu lassen, denn sie schildert eindringlich, was geschieht, und Nachfolgelegenden haben dem kaum etwas Neues hinzuzufügen:

»Nach langer Zeit geschah es, daß einige Brüder in die Stadt Forlì geschickt wurden, um die heilige Priesterweihe zu empfangen. Zu diesem Zweck kamen aus verschiedenen Teilen des Landes Franziskaner und Dominikaner zusammen, und Antonius befand sich unter ihnen. Als die Stunde der geistlichen Zusammenkunft gekommen war und die Ordensbrüder sich wie gewöhnlich versammelt hatten, bat der Provinzial die anwesenden Brüder aus dem Predigerorden des hl. Dominikus, eine Rede zur Erbauung zu halten und den dürstenden Seelen die Worte des Heils zu verkünden. Aber jene wehrten sich einer nach dem anderen und behaupteten, daß es ihnen weder möglich noch statthaft sei, unvorbereitet zu reden. Da wandte sich der Obere an Antonius und trug ihm auf, den versammelten Brüdern zu predigen, was ihm vom Heiligen Geist einge-

*geben werde. Dies nicht etwa, weil er annahm, daß in ihm
eine gewisse Kenntnis der Heiligen Schrift stecke oder daß
er irgend etwas anderes gelesen habe, als höchstens das,
was den Kirchendienst anging: der Obere erinnerte sich lediglich daran, daß er ihn Latein hatte sprechen hören,
wenn es der Umstand erforderte. In der Tat, obwohl Antonius die große Begabung hatte, sich anstelle eines Buches
des Gedächtnisses bedienen zu können und die Gnade der
mystischen Sprache besaß, hielten ihn seine Mitbrüder für
geeigneter zum Spülen des Geschirrs in der Küche als zum
Auslegen der Geheimnisse der Schrift. Warum soll ich mich
hierbei lange aufhalten? Antonius weigerte sich, solange er
konnte; schließlich, aufgrund des lauten Drängens aller,
begann er in aller Bescheidenheit zu sprechen. Als dann
jene Feder des Heiligen Geistes, seine Zunge, anfing, mit
Besonnenheit über viele Themen zu sprechen, auf klare
Art und Weise und mit kurzen Worten, da lauschten die
Brüder, von Erstaunen und Bewunderung getroffen, auf-
merksam den Worten des Redners. Und wirklich steigerte
die unerwartete Tiefe seiner Rede die Verwunderung;
nicht weniger begeisterten der Geist, mit dem er sich
äußerte, und seine glühende Nächstenliebe. Erfüllt von
frommer Ergriffenheit, verehrten alle in dem Diener
Gottes Antonius zusammen mit der Tugend der Demut die
Gabe der Gelehrsamkeit.«*

Jetzt aber, jetzt überschlägt es sich plötzlich. Vom Teller-
wäscher zum, nein, nicht Millionär, aber zum großen Prediger. Vom Notnagel (wie peinlich, daß keiner predigen
will, daß keiner vorbereitet ist!) zum bestaunten Wort-
künstler. Und die Franziskanerbrüder haben mal wieder
nicht genau hingeschaut: Zwar hören sie ihn hin und wieder lateinisch parlieren, aber so richtig trauen sie dem
Mann aus Portugal nicht zu, daß er ihnen im wahrsten
Sinne des Wortes etwas erzählen kann.

Von diesem Tag in Forli an, von dieser »unvorhergesehe-
nen und unvorbereiteten« Predigt an ändert sich schlagar-
tig das Leben des Antonius. Ab jetzt wird er der sein, den
eine Fülle von Erzählungen und Wundergeschichten um-
ranken. Ab jetzt werden, wenn auch mit einer erstaunli-

chen Lücke gerade was die unmittelbare Zeit nach den Ereignissen in Forli angeht, die Quellen nur so sprudeln und sich überschlagen mit erstaunten Berichten über die Wirkmächtigkeit seiner Rede und Predigt. Bühne frei und Vorhang auf: Jetzt kommt der »heilige Antonius« zum Vorschein. Die Lampe ist angezündet.

Ein bißchen Wehmut beschleicht mich an dieser Stelle. Von jetzt an wird es immer schwieriger werden, durch den Urwald, durch das Dickicht der Berichte an den eigentlichen Menschen, den, sagen wir es ruhig, »heiligen« Menschen Antonius heranzukommen. Aber das »Buschmesser ist gezückt«. Es werden aufregende neun Jahre werden und sehr spannende!

Berufsfeld: Volksprediger

Ein Abend im Spätsommer 1222 hat vieles verändert, eigentlich alles. Antonius tritt aus dem Schatten, aus den vielen Schatten, die sich zuletzt auf seinen Weg gelegt hatten. Seine eigentliche Berufung beginnt sich abzuzeichnen. Der Weg scheint gefunden. Wie viele Schritte hat er gehen müssen, Wege und Umwege! 27 Jahre lang.

In dieser Zeit immer nur Tonleitern: unangenehme Stunden für die Nachbarn wie für einen selbst. Fingerübungen auf dem Predigtklavier. Die langen und quälenden Stunden, in denen die Finger nicht so recht gehorchen. Das Metronom hämmert pausenlos und unerbittlich seinen Takt, doch die Noten kommen immer und immer wieder zu spät. Der Blick verirrt sich in der Partitur. Das, was gespielt wird, will so recht nicht zu dem passen, was auf dem Papier steht. Ein meilenweiter Abstand zwischen dem eigenen eintönigen Vortrag und der lässig-lockeren Interpretation, wenn sich ein Meister über die gleichen Noten beugt und spielt. Tödliche Langweile, häufig ausbrechende Ungeduld. Doch dann, eines schönen Tages, in dem eintönigen Geklimper ein ungewohnter Klang: Der Nachbar schaut von seiner Lektüre auf: »Wer hätte das gedacht!« Was vorher quälend und steif war, bekommt plötzlich Leben und Seele: Das Reich der Musik in all seinen Schattierungen steht offen.

Geduldiger Mut – auch eine Form der Heiligkeit. Die Morgenröte beginnt um Mitternacht.

So oder ähnlich könnte man die Jahre bis 1222 im Leben des Antonius auf einen Nenner, in ein Bild bringen.

Die kommenden Jahre, die wenigen, die Antonius noch bleiben, werden nun ganz im Zeichen seiner Predigttätigkeit stehen. Die Antonius-Experten teilen dieses knappe Jahrzehnt sogar ein in drei große Abschnitte, in drei Perioden, die sich dicht aneinander anschließen: eine erste Phase seiner Predigttätigkeit in Oberitalien von 1222 bis 1224 (es geht also gleich nach jenem berühmten Abend in Forli los), darauf folgt eine zweite Periode, die Antonius von 1224 bis 1227 in Frankreich tätig sieht, bevor er für die abschließende dritte Zeitspanne von 1227 bis zu seinem Tod 1231 wieder in Italien mit seinen Predigten in Oberitalien für Furore sorgt.

Auch wenn Antonius das alles an jenem Abend in Forli so noch nicht ahnen kann, nicht sehen kann, daß mithin sein Terminkalender bis ultimo ausgebucht sein wird, so dürfte er doch recht bald merken, daß eine neue Geschwindigkeit, eine neues Tempo in sein Leben kommt.

Den Grundton, die – wenn wir genau hinschauen – gar nicht so neue Partitur hat Franziskus wiederentdeckt (freilich mit ihm, fast zeitgleich – denn so etwas liegt in der Luft, bestimmt die Atmosphäre – kommt auch einer wie Dominikus, die Gründerfigur des »Predigerordens«, der Dominikaner, auf diesen Pfad). Irgendwann im Laufe seiner eigenen langen Suche nach der richtigen Lebensform gehen ihm, Franziskus, ganz plötzlich einige Lichter auf. Es ist das Jahr 1209 (wahrscheinlich, und wahrscheinlich der 24. Februar, das Fest des heiligen Apostels Matthias), Franziskus wohnt einem Gottesdienst bei und hört ein bestimmtes Evangelium:

»Dann rief Jesus die Zwölf zu sich und gab ihnen die Kraft und die Vollmacht, alle Dämonen auszutreiben und die Kranken gesund zu machen. Und er sandte sie aus mit dem Auftrag, das Reich Gottes zu verkünden und zu heilen. Er sagte zu ihnen: Nehmt nichts mit auf den Weg, keinen Wanderstab und keine Vorratstasche, kein Brot, kein Geld und kein zweites Hemd. Bleibt in dem Haus, in dem ihr einkehrt, bis ihr den Ort wieder verlaßt. Wenn euch aber die Leute in einer Stadt nicht aufnehmen wollen, dann geht weiter und schüttelt den Staub von euren Füßen...!«

So der Evangelist Lukas! Matthäus fügt hinzu: »Wenn ihr in ein Haus kommt, dann wünscht ihm Frieden!« – Und diesem Sucher Franziskus fällt es plötzlich wie Schuppen von den Augen, obwohl ihm der Text sicher nicht neu war. »Questo voglio! Questo chiedo! Questo bramo di fare con tutto il cuore!« – So wird es dann geklungen haben:

»Das will ich, das suche ich, das werde ich mit ganzem Herzen tun und verfolgen!«

Einer hat es also kapiert. Und innerhalb von nicht einmal zwei Jahrzehnten wird eine rasend anwachsende Bewegung daraus. Mit diesem »Fetzen« aus dem Evangelium ist auch in ganz grober Weise der Hauptinhalt und die Art und Weise geschildert, wie die Minderbrüder um Franziskus predigen und umherziehen werden. Das zieht an und bringt eine Lawine ins Rollen. Nicht zuletzt, aber lange auch nicht allein, wird Antonius einer derjenigen sein, die sich von dieser Art gefangennehmen lassen. Und er wird einer werden, der den richtigen Ton findet, um dieses Aussendungsevangelium wieder hörbar und fühlbar zu machen für die Leute seiner Zeit.

Einfache, arme Wanderprediger, wohnsitzlos – sie gehen zu den Menschen hin und warten nicht, bis diese zu ihnen kommen (wie das zum Beispiel die fest- und wohlsituierten Augustiner-Chorherren getan haben, von denen Antonius kommt). Die Franziskaner (aber auch die Dominikaner und andere) gehen zu den Leuten hin und, was ganz wichtig und entscheidend für den »Erfolg« ihrer Predigt ist, reden in der Sprache des Volkes, reden so, daß sie verstanden werden können und schweben nicht in einem fernen Lateinhimmel, der dem Mann, der Frau auf der Straße nur ein Buch mit etlichen Siegeln ist.

In einem atemberaubenden Tempo zieht das Kreise in ganz Europa; da werden die ersten zu Grenzüberschreitungen geschickt: Mit Bruder Pazifikus, einem Dichter, an der Spitze geht es nach Frankreich. Cäsar von Speyer führt eine Gruppe den beschwerlichen Weg über die Alpen nach Deutschland (Bruder Jordan von Giano berichtet darüber in seiner Chronik). Nach England brechen sie ebenfalls auf (davon erzählt Bruder Thomas von Eccleston).

Aber auf der Partitur der Volkspredigt stehen noch ein paar andere Noten: Bußpredigt ist sie, Friedenspredigt hat sie zu sein, einfach und kurz, so fordert sie Franziskus in der Regel – und er fordert, daß die Brüder, die zum Predigen sich fähig erweisen, ganz offiziell von ihren Oberen in das Predigtamt eingesetzt werden. Das wird bei Antonius recht bald nach der folgenreichen Predigt in Forli geschehen sein, und zwar vermutlich durch seinen Provinzialminister, den Bruder Gratian, der uns schon begegnet ist. Wenn wir hören, daß von nun an das Predigen und phasenweise die theologische Unterweisung der Brüder die Hauptbeschäftigung des Antonius sein werden, kann sich, müßte sich sofort die Frage aufdrängen: Ja, wie predigt er nun? Wie bringt er sein theologisches Wissen, wie die Früchte seiner Betrachtung und Meditation herüber zu den Leuten? Videoaufzeichnungen gibt es nicht. Nur ein paar lose Skizzen. Dem faszinierenden Prediger (so dürfen wir ihn uns durchaus vorstellen) Antonius kommen wir nur schwer auf die Schliche.

Abgesehen von den gut 50 % (so ein erfahrener Pastoraltheologe unserer Tage), die jeder Hörer selbst beiträgt zu einer jeden Predigt durch die Art, wie und was er hört, besteht eine Predigt eben nicht nur aus einer Reihe einleuchtender, tiefschürfender und bewegender Gedanken. Da gehört mehr dazu: Die Gestik, die Stimme, ihr Tonfall, der Blick, die Haltung, das ganze Drumherum bestimmen ganz entscheidend über »Erfolg« oder »Mißerfolg« einer Ansprache.

Aber auch wenn uns an dieser maßgeblich wichtigen Stelle kaum Informationen zugänglich sind, dürfte eines klar sein: Dieser Antonius versteht die Tastatur zu bedienen, trifft wohl immer wieder den Ton und das richtige Einfallstor bei seinen vielen Zuhörern.

Schon ein paar Sätze nach der Schilderung jenes weichenstellenden Abends in Forli jedenfalls beginnt die »Legenda assidua« davon zu reden, daß sich Antonius in seiner neuen Rolle und Aufgabe gleich mitten ins Getümmel stürzt. Rastlos eilt Antonius von Ort zu Ort – so müssen wir ihn uns jetzt für die meiste kommende Zeit vorstellen. Und gleich schon findet er sich in der Auseinandersetzung mit »Ketzern«, Irrlehrern und ähnlichem Gelichter. Und die Erzählungen werden nicht müde zu berichten, daß die Wirkung der Antonianischen Predigt jedesmal dieselbe ist: Reumütig und neu erleuchtet kehren die Abweichler auf die richtige Linie zurück.

Der »Ketzerhammer« unterwegs

Bei unserer Reise mit dem heiligen Antonius durch dessen
Zeit stehen wir nun an einem Punkt, an dem uns »alle guten Geister verlassen«. Nach jenem Abend von so aus-
schlaggebender Bedeutung, dem Abend der Priesterweihe
dieser Franziskaner und Dominikaner in Forli, beginnen
die ältesten Quellen, die uns über Antonius geblieben
sind, für Jahre zu schweigen (spätere Legenden stoßen
dann durchaus in diese Lücken hinein). Nichts erfahren
wir darüber, wie die Nachricht von diesem frischentdeck-
ten Predigttalent im Orden die Runde macht. Kein Wort
darüber, wann Franziskus etwas erfährt (es wird ja jetzt
nicht mehr sehr lange dauern, bis Franziskus diesem Antonius in jenem besagten kleinen Brief »seinen Bischof«
nennt, ihm dazu einen Lehrauftrag für den Orden gibt).
Keine Silbe darüber, wann der derzeitige Ordensgeneral,
Elias von Cortona, sein Placet gibt zur Predigttätigkeit des
Antonius. Ob er es überhaupt gibt oder ob allein der zuständige Provinzialminister seinen Segen dazu spricht. Allenthalben Schweigen.
Und Antonius selbst? Auch da blenden die frühen Quellen ab: Die Nachrichten darüber, wie er selbst mit der so
plötzlich und so rasant einsetzenden Entwicklung fertig
wird, fehlen ebenfalls. Dafür legt die »Legenda assidua«
noch einmal nach:
»Während dieses seines Umherziehens, wobei er (Antonius also) *auf jegliche Ruhepause zugunsten der dürstenden Seelen verzichtete, kam er dem Willen des Himmels
gemäß in die Stadt Rimini. Als er sah, daß hier viele von
den Machenschaften der Ketzer irregeführt worden waren, versammelte er die gesamte Bevölkerung und begann
voller Leidenschaft zu predigen; er, der die Sophismen der
Philosophen nicht erlernt hatte, wußte einleuchtender als
die Sonne die schlauen Behauptungen der Ketzer zu wi-
derlegen. Sein machtvolles Wort und die heilsame Lehre
schlugen solch tiefe Wurzeln in die Herzen der Zuhörer,*

*daß – nachdem die Verblendung der Irrlehre beseitigt war
– eine Menge von Gläubigen sich treu dem Herrn wieder
näherte.«*

Und es wird auch gleich ein einschlägiger Name als Beispiel genannt:

*»Unter ihnen war ein Ketzer namens Bonillo, der seit
dreißig Jahren von den Strudeln des Unglaubens ver-
schlungen wurde. Der Herr brachte ihn durch seinen Diener Antonius wieder auf den Weg der Wahrheit; nachdem
er Buße getan hatte, gehorchte er bis ans Ende seiner Tage
ehrlich den Geboten der heiligen römischen Kirche.«*

Damit sehen wir, ohne genaues Datum, den vormals so
stummen Antonius bei seiner »Lieblingsbeschäftigung«
fürderhin: Predigen und Ketzer bekehren. Antonius wird
das mit einem derartigen Erfolg tun, daß ihm bald der Ehrentitel, wenn es denn einer ist, »Ketzerhammer« nach-
läuft. Es ist dies eine Art Paradebeispiel für viele andere
Episoden und Erzählungen, die auch nicht so genau zu da-
tieren und zu lokalisieren sind. Immerhin zeigt sich so
einiges, wenigstens, wieder in groben Strichen: Was Antonius angeht, ist es schlagwortartig schon gesagt. Was den
Zustand der Kirche seinerzeit angeht, gibt es hier noch ein
paar Erläuterungen anzufügen.

Kirche ist »ein schwierig Ding«. Und das zu allen Zeiten.
Eine »realitas complexa«, wie sie das II. Vatikanische
Konzil nennt: zusammengesetzt aus zwei Wirklichkeiten
ganz unterschiedlicher Art: göttliche Stiftung und Glau-
bensgemeinschaft einerseits, aber eben auch ein »Verein«,
mit Vorsitzenden, Satzungen, Regeln und vielem anderen
mehr – die sozusagen »meßbare« Außenseite der Kirche.
Das ist zwar eine fast grob fahrlässige Vereinfachung,
denn diese beiden Wirklichkeiten kommen an jedem
Punkt in der Geschichte zusammen, können (wenigstens
für unseren Blickwinkel) gar nicht ohne die jeweils andere
gedacht und gesehen werden. Aber es soll hier, an dieser
Stelle, nur darauf verwiesen werden, daß es immer, auch
und gerade zur Zeit des Antonius, des Franziskus und des
Dominikus, gekriselt hat in der Kirche, daß es Spannungen gegeben hat, unzählige Spaltungen, Konflikte, ausein-

anderdriftende Gruppen und Meinungen. Auch und gerade die neuen Gemeinschaften der Dominikaner und, vorab, der Franziskaner sorgen für mächtigen Wirbel. Sie liegen ja selber »im Trend«: Radikale Nachfolge des Evangeliums wird gesucht und versucht. Und das, weil man einmal mehr an der »äußeren« Machtentfaltung der Kirche, vor allem ihrer Führer, Anstoß nimmt und ins Schleudern gerät. Aber nicht allein dies: Im Zusammenhang mit den vielfältigen politischen Brüchen und Umbrüchen jener Zeit geht im tagespolitischen Getöse vieles verloren: Seelsorge und einleuchtende Glaubensunterweisung bleiben auf der Strecke, wenn die Priester vor Ort sich hauptsächlich ums eigene materielle Überleben kümmern oder gar kümmern müssen. Unsicherheiten wachsen dann noch mehr – und wo diese manifeste Unsicherheit dann um sich greift, haben es allerlei Heilsanbieter (das war damals genauso gültig wie heute) nicht schwer: Man nimmt, was man bekommt, und ergreift den letzten Strohhalm für sein Seelenheil.

Gruppen und Grüppchen, die sich im Laufe der Zeit in vollem Elan auf das Evangelium stürzen und es radikal leben wollen, gibt es also genug – manche schießen weit über das Ziel hinaus, werden gewalttätig oder häretisch (eine der großen Leistungen des Franziskanerordens ist es schon auch, eine Gnade vielmehr, daß er diesen Weg nicht hat gehen müssen, wenngleich der Preis, Reglementierung und eine gewisse Anpassung, auch hoch war). Die Luft ist voller Parolen – und dagegen schmettert nun unser »Ketzerhammer« Antonius an, versucht in seinen Predigten, die fast alle Moralpredigten sind (wenn auch dieses Wort für uns einen eher schlechten Geschmack hat), anzugehen, versucht, die richtige Lebens- und Glaubensweise wieder in das Bewußtsein der Menschen zu heben.

Doch das gelingt nicht immer so einfach. Zwar laufen die Menschen gerne zu jedem Prediger, der in den Dörfern und Städten auftaucht (es ist immer auch eine Art Volksfest, wenn einer der Prediger seine Standarte auf dem Marktplatz aufstellt. Fernsehen gibt es nicht. Predigt ist Abwechslung im Alltagseinerlei, ist »Action«!), aber daß der Prediger mit seiner Botschaft automatisch ankommt, ist so klar und sicher auch wieder nicht.

Von Antonius gibt es eine Legende, die besagt, daß er nicht nur einfach der war, der »abräumte«. Sie spielt in Ravenna, wo Antonius einmal mit einem sonderlichen Publikum vorliebnehmen muß, weil die Leute der Stadt ihn nun einfach nicht hören wollen: Also predigt Antonius kurzerhand Fischen. Die hören wenigstens zu.

»Ketzerhammer« also! – Es bleibt zu hoffen, daß unser gut ausgebildeter Theologe und Prediger nicht den Fehler vieler anderer, späterer »Ketzerhämmer« gemacht hat, nämlich nicht nur gegen die irrigen Lehren zu streiten, sondern auch die Irrenden zu schlagen, wenigstens in Worten. Wenn der Irrende mit dem Irrtum ineins gesetzt wird, ganz und gar mit ihm identifiziert wird, steht am Ende meist ein Scheiterhaufen, auf dem gnadenlos mit Irrtum und Irrendem aufgeräumt wird. Ich für meinen Teil ziehe andere Titel vor (den offiziösen »doctor evangelicus« zum Beispiel, selbst der »Schlamperpatron« ist mir da noch sympathischer), die man dem Antonius geben könnte, wenngleich er in seinem Elan durchaus auch nicht immer zimperlich und mit Glacé-Handschuhen agiert haben dürfte.

Von wegen »akademische Karriere«!

Rieti, gut zwei Stunden Autofahrt südlich von Assisi. Dort in Rieti hört – wir stehen so etwa am Ende des Jahres 1223 oder in den ersten Monaten des folgenden – ein menschliches Wrack, hört ein Ausgebrannter, ein Entkräfteter, ein fast in seinen Depressionen Versinkender, von gewalttätigen medizinischen Eingriffen Gezeichneter von einem gewissen Antonius aus Portugal, schreibt ihm einen Brief und nennt ihn »episcopus«. Dieser Brief sei an dieser Stelle noch einmal auch vor unsere Augen gebracht:
»Dem Bruder Antonius, meinem Bischof, wünsche ich, Bruder Franziskus, Heil. Es gefällt mir, daß du den Brüdern die heilige Theologie vorträgst, wenn du nur nicht durch dieses Studium den Geist des Gebetes und der Hingabe auslöschest, wie es in der Regel steht.«
Irgendwann nachdem die endgültige Regel des Franziskanerordens am 29. September 1223 von Papst Honorius III. bestätigt worden ist, schreibt der todkranke Bruder Franziskus diese kurze Mitteilung an einen Mann, der gerade erst ein paar Jahre in der Gemeinschaft der Minderbrüder lebt, sich ihr angeschlossen hat. Die Tragweite dieser Zeilen ist enorm.

Franziskus, der in der Regel noch bestimmt, daß Brüder, die keine theologischen Kenntnisse haben, sich auch keine erwerben sollen, macht einen Schwenk. Er macht zugleich aber auch eine Einschränkung, knüpft eine Bedingung an den »Lehrauftrag«, an die »Lehrerlaubnis«, die er diesem Antonius erteilt: Der Geist des Gebetes, der Hingabe soll nicht ausgelöscht werden. Mithin fürchtet Franziskus, daß die Seinen, die sich nunmehr auch den Studien widmen dürfen, durch ihre Konzentration auf Bibliotheken doch abgelenkt werden könnten von dem Weg, den sie eigentlich mit ihrem Eintritt in die Gemeinschaft der Minderbrüder begonnen haben. Sie werden Bücher brauchen, werden Häuser brauchen, in denen sie in Ruhe studieren können, und sie werden vieles mehr erwarten an gesichertem Lebensunterhalt oder, noch schlimmer, früher oder später *einfordern*, als hätten sie ein verbrieftes Recht darauf! Das mögen Gedanken sein, die Franziskus einigermaßen abschrecken. Da muß er einfach Verrat wittern an der ursprünglichen Idee, die sich auf Einfachheit und Unverbildetheit, auf direkte Nachfolge des Evangeliums der Armut konzentriert. Aber Franziskus lenkt ein – doch mit der Konzession verbindet er die durchschlagend wichtige Bedingung: Vergeßt eure Ursprünge nicht über den Büchern, über die ihr euch jetzt beugen werdet! Vergeßt das alles nicht, auch wenn, wie damals üblich, das »Studium« vorrangig ein Studium der Bibel ist! Werdet nicht »arrogante Gelehrte«, die über die einfachen Leute hinwegdisputieren und die deren Probleme schon gar nicht mehr so ernst nehmen! Entmündigt diese einfachen und ungebildeten Frauen und Männer nicht dadurch, daß sie sich vor euch und durch euch kleingemacht fühlen müssen! Schließt ihnen nicht den Mund dadurch, daß ihr so gescheit zu reden wißt – und sie einfach nicht mehr mitkommen können mit eurer Gelehrtheit! Grund genug für solche Befürchtungen muß auch Franziskus gehabt haben.

Wie Antonius zu dem Ganzen steht – darüber ist, wie üblich, aus seinem Mund kein Wort zu erfahren. Ob er sich zurückversetzt sieht, zurückerinnert fühlt an seine eigenen Lehr- und Studienjahre in Lissabon und Coimbra bei den Augustiner-Chorherren? Die haben ihm sehr wohl eine vernünftige Bibliothek zur Verfügung gestellt, haben ihm die nötige Ruhe verschafft für ein ausdauerndes Studium hinter schützenden Mauern. Bei den Franziskanern wird das sehr anders, sehr bewußt sehr anders sein.

Wir dürfen uns an dieser Stelle nicht blenden lassen von Begriffen wie »Professor« (oder zeitgemäß »Lektor«) oder »Universität«. Damals schlägt keiner eine Karriere ein, die ihn plötzlich zum Herren über einen Stab computergestützter Mitarbeiter macht. Da gibt es keine Millionen von Büchern in wohlsortierten und organisierten Unibibliotheken, keine Hörsäle, keine Hundertschaften von Studenten oder ähnliches mehr. Zur Zeit des Anto-

nius gibt es gerade einmal eine theologische Fakultät an
einer Universität überhaupt (neben den »hauseigenen«
Ausbildungsstätten der Klöster und Orden), und zwar in
Paris – und das ist relativ weit weg (übrigens werden dort
schon in der nächsten Generation Brüder aus den Orden
der Dominikaner und Franziskaner, sehr zum Leidwesen
der »alten« Lehrstuhlinhaber, massiv die Bühne betreten).
Auch Bologna hat eine »Universität«, aber erst ab 1364
eine theologische Fakultät. Bis dahin sind es also noch
gute 120 Jahre. Auch wenn uns eine der Lebensbeschreibungen des Antonius, die sogenannte »Benignitas«, glauben machen möchte, daß Antonius ein halbwegs ordentli-
cher Professor (»Lektor«) der Theologie in Bologna war –
es stimmt einfach nicht (und die »Benignitas« verrät damit
wohl auch ihr eigentliches Alter). Zudem dürfen wir nicht
vergessen, daß wir mit Antonius in dessen erster großen
Predigerphase stecken. Er ist rastlos unterwegs, wechselt
ständig die Orte, eilt in Oberitalien mal hierhin, mal dorthin. Es gibt für diese Zeit im Leben des Antonius das
»Gerücht«, daß er selbst noch einmal mit einem gewissen
(oder gar bei diesem!) Thomas Gallo, einem Chorherren,
in Vercelli in der Abtei St. Andreas die Schulbank für die
»höhere Laufbahn« gedrückt hätte – doch das ist mehr als
nur schwer zu belegen und, wenn wir den Aufbruch nach
seinem Durchbruch als Prediger anschauen, auch schwer
vorstellbar. Nein, mit der Universitätskarriere des Antonius ist es nicht so weit her.
Der Lehrauftrag, den Franziskus mit einer deutlichen
Grenze an Antonius gibt, hat erkennbar einen Zweck, eine
bestimmte Absicht: Antonius soll – und das sicher nicht
nur an einem festen Ort und in einem festen Lehrhaus und
-betrieb – den Brüdern, die sich auf die Priesterweihe und
den Predigtauftrag im Orden der Minderbrüder vorberei-
ten, ein Grundgerüst für ihre zukünftige apostolische
Aufgabe mitgeben. Mag sein, daß Franziskus innerlich ein
wenig mit den Zähnen knirscht, auch wenn er sagt, daß es
ihm gefiele, wenn Antonius zum Theologielehrer wird.
Aber womöglich hat Franziskus, und mit ihm einige andere Maßgebliche im Orden, erkannt, daß den Herausforde-

rungen einer zerklüfteten Zeit nicht einfachhin nur mit einer naiven, wenn auch sehr authentischen Predigt der Armut durch das gelebte Leben entsprochen und geantwortet werden dürfte. Immerhin wird Franziskus auch nicht entgangen sein, daß fast zeitgleich mit der Bewegung, die er selbst auslöst, ja auch ein Orden, eine Gruppierung entsteht, die sich von ihren Anfängen an bis in unsere Zeit hinein das Studium sogar ausdrücklich auf ihre Fahnen schreibt: der Orden der Dominikaner, der Predigerorden. Nein, ein akademisches Theater, eine große Angabe mit Doktoren- oder Professorentiteln, mit einer möglichst großen Zahl von wissenschaftlichen Publikationen, ist das Ganze nicht. Es hat handfestere, seelsorgerliche, pastorale Gründe, die in der Zeit liegen und in der Entwicklung und Aufgabe des Ordens – in seiner Verantwortung für den Glauben und für die Kirche. Es ist schlicht nötig, daß die Brüder einigermaßen vorbereitet denen begegnen, mit denen und für die die reden können, die im Chaos ihrer Zeit die Übersicht verloren haben. Daß dies nicht Aufgabe aller Brüder in der Gemeinschaft ist, ist klar, daß dies auch eine neue Latte von Problemen schaffen wird, ebenso.

Wir sehen Antonius also wieder umherziehen. Der Auftrag, den Brüdern theologischen Unterricht zu erteilen, hat daran nicht viel geändert. Kommt Antonius auf seinen Wegen in eine Niederlassung der Brüder, so bleibt er dort einige Zeit, predigt, wird auch immer wieder die Brüder an seinen Tisch bitten und ihnen das eine oder andere theologische Wort und Wissen, wird ihnen »Wissenschaft und Weisheit« (so heißt eine noch heute von deutschen Franziskanern herausgegebene theologische Zeitschrift) beigebracht haben. Im Titel dieser Zeitschrift ist ja auch der Zwiespalt gekennzeichnet (wenn es denn überhaupt ein automatischer sein muß, was ich selbst immer wieder ganz rigoros verneinen werde), der sich vielleicht auf den Nenner bringen läßt: »kopfgesteuerte« Wissenschaft hie, dort »herz- und frömmigkeitsbetonte« Weisheit. Ein Gegensatzpaar, das sich notgedrungen und immer ausschließen muß? Nein, Ganz sicher nicht! Warum nicht? Das läßt sich auch in der Theologie-, also der Wissenschaftsgeschichte der beiden Orden der Franziskaner und Dominikaner ganz deutlich ablesen: Zwar war Antonius von Padua sicherlich nicht derjenige, der die ganz große theologiegeschichtliche Rolle gespielt hat (dazu fehlen uns heute einfach seine Werke, mit denen sich Theologen und Theologinnen auseinandersetzen, von denen sie lernen könnten), aber mit ihm »beginnt« etwas, was eindrucksvolle Namen und Werke finden wird: Alexander von Hales, der heilige Bonaventura, Johannes Duns Scotus (allesamt Franziskaner) und der großartige Thomas von Aquin (ein Dominikaner) sind bahnbrechende theologische Denker und zugleich tieffromme, kontemplative Geister, die ihre gesamte Theologie, ihre Wissenschaft (so unverzichtbar sie für sie ein Leben lang ist) für nichtig empfinden im Gegensatz zum echten, unverfälschten und tiefen Glauben einer »guten alten Großmutter«, die ihren Gott nie verloren hat.

Das mag Franziskus vorgeschwebt haben, als er Antonius beauftragt, ihm erlaubt, Theologie im Orden zu lehren. Und in Antonius, soweit oder sowenig wir wissen, hat er den Passenden gefunden.

Wie Antonius in Frankreich?

Es ist schon eine verquere Sache – da verfolgt man mit Müh und Not einen Lebensweg, versucht sich einen Reim auf die Ereignisse zu machen, versucht ein wenig den möglichen Gedanken in längst verschwundenen Köpfen nachzuspionieren. Und dauernd beschleicht einen das Gefühl, man hätte das Fernglas falsch herum an die Augen gesetzt: Alles ist plötzlich noch weiter weg, noch kleiner und undeutlicher, kaum zu erkennen und zu unterscheiden.

Antonius in Frankreich stellt uns einmal mehr vor diese Probleme. Keine Tagebücher, keine Reiserouten (oder nur solche Angaben, denen man bald ansieht, daß sie »liebevoller Phantasie« entspringen), nichts an konkreten Daten. Dafür ein paar Orte und Ereignisse, die eher unverbunden in der Geschichte stehen: ein Provinzkapitel in Arles, eine Provinzialsynode der Bischöfe in Bourges, bei dem Antonius einem Bischof böse den Kopf wäscht (wenn es denn stimmt!), Lehrtätigkeit in Montpellier. Es wird davon geredet, daß Antonius in einem Konvent Hausoberer (der im Franziskanerorden gebräuchliche Titel ist »Guardian«, also: Beschützer, Wächter) gewesen sein soll. Ein andermal wird berichtet, er würde beauftragt, um als »Custos« (auch das heißt Wächter, beschreibt aber nicht die Aufgabe eines fürsorgenden Hausoberen, sondern die eines Inspekteurs für eine größere Region und all ihre Ordensniederlassungen) tätig zu werden und, was wohl nötig war, nach dem Rechten zu schauen.

Richten wir unseren Blick zunächst einmal in einem kleinen Exkurs auf die Legenden, die uns vom Leben des heiligen Antonius im Umlauf sind:

– Da gibt es die allererste Beschreibung, die »*Legenda assidua*«. Sie hat uns über weite Strecken begleitet, obwohl auch sie große Lücken aufweist. Eine davon betrifft den Frankreichaufenthalt des Antonius. Unser namenloser

Minderbruder, der im Umfeld der Heiligsprechung und kurz nach dem Tod des Antonius schreibt, verliert kein Wort darüber.

– Eine zweite Lebensbeschreibung liefert um 1240 der Franziskaner Julian von Speyer, der vorher schon eine Art »Reimoffizium« für den gottesdienstlichen Gebrauch bei den Brüdern verfaßt hat. Was Frankreich und die Jahre 1225 bis 1227 angeht, gibt es kaum einen Wink. Ebenso schweigt

– die »*Raimondina*«, die 1293 von einem Bruder Pietro di Raimondo geschrieben wird und sich stark an Julian von Speyer anlehnt.

– Die »*Benignitas*« (auch sie ist uns schon begegnet) hingegen berichtet schon deutlicher von Antonius und seinem Aufenthalt in Frankreich. Es tauchen Ortsnamen auf: Montpellier, Toulouse und Arles.

– Ganz anders verhält es sich mit der »*Rigaldina*«, die erst zu Beginn des 14. Jahrhunderts von einem Bruder Jean Rigauld niedergelegt wird: Hier sprudelt es nur so von französischen Ortsnamen. Geradezu unglaublich! Der profunde Antonius-Kenner G. Abate meint dazu: »Die Trockenheit, mit der zum Beispiel die Raimondina berichtet, läßt den Durst nach Orten, Taten und Wundern erst richtig groß werden – und da kommt dann die Rigaldina gerade recht!«

Den Drang, nach Frankreich zu gehen, mag, lange bevor wir Antonius in die Geschichte einblenden dürfen, Franziskus von seinem Vater geerbt haben. Bekanntlich war Pietro Bernardone, der neureiche Tuchhändler, öfter in Südfrankreich geschäftlich unterwegs; auch während sein Sohn geboren wird, ist er in der Provence unterwegs, kauft Stoffe – und verlangt, kaum zurückgekehrt, daß sein Sohn, der auf den Namen Giovanni getauft worden ist, von nun an Franziskus bzw. »Francesco«, also »Französlein«, genannt werden soll. Franziskus wird der erste sein, von dem wir wissen, daß er diesen dann durch ihn so populären Namen als Vornamen tragen wird. Und dieser Name hat Berechtigung, so wird sich herausstellen: Franziskus liebt die Sprache der Provence, liebt und singt die Lieder (die sein Vater wohl mitbringt oder die er von seiner Mutter lernt, von der man auch annimmt, daß sie selbst Französin gewesen sei). Dieser Franziskus gibt irgendwann einmal in einer aufsehenerregenden Szene seinem Vater alles zurück – den Namen aber, den er ja auch von ihm hat, den behält er!

Blenden wir weiter: Im Jahr 1217 wird auf einem der jährlichen Kapitel wieder einmal ein Programm, werden Predigtrouten ausgeheckt. Und Franziskus will sich Frankreich als Aktionsfeld reservieren. Doch auf massive Intervention des Florentiner Kardinals Ugolino bleibt Franziskus in Assisi. Statt seiner wird nun Bruder Pazifikus, der »König der Verse«, ein Liedermacher und Dichter, den Trupp der Brüder anführen, die nach Frankreich aufbrechen. Wir erinnern uns zudem: 1217 ist auch das Jahr, in dem eine Gruppe von Brüdern bei Coimbra auftaucht, direkt vor der Haustür des damaligen Fernando.

In die Jahre 1221 bis 1224 (so in etwa) fällt dann die festere und wohl auch hierarchischere Organisation des Ordens in Frankreich. Wir sehen Männer wie Matthäus von Narni und Gregor von Neapel am Ruder der jungen Ordensprovinz – und das sind beileibe keine Heiligen, aber interessante Figuren, soweit wir über sie Bescheid wissen. Was also treibt *Antonius* nach Frankreich? Wird Antonius im Auftrag des Franziskus dorthin gegangen sein? Hat ihn der Generalminister Elias von Cortona geschickt, ihn, der jetzt eine doppelte Aufgabe hat und in ihr ganz aufgeht, nämlich Predigen und den Brüdern Theologie lehren? Wer oder was der Auslöser für den Ortswechsel des Antonius nach dessen erster Predigtperiode in Oberitalien ist, bleibt im dunkeln. Daß er aber in seiner Funktion als »Ketzerhammer« unterwegs sein wird, dürfte klar sein: Südfrankreich ist zu seiner Zeit ein recht guter Nährboden für Häresien, für Glaubensdispute und Gefechte. Da stimmt so einiges nicht – Albigenser, Katharer, Waldenser (und wie sie alle heißen) versetzen die Gegend schon seit Jahrzehnten in innere Unruhe und Spannung. Daß Antonius zudem wohl auch die eine oder andere ordensinterne

Aufgabe übernimmt, ist zwar kaum sicher zu belegen (Guardian oder Custos), liegt aber im Bereich des Denkbaren. Zuguterletzt wird sich Antonius auch als Lehrer für die Brüder in Pflicht genommen wissen. In Montpellier entsteht wohl, wie in Bologna, eine Art Ausbildungsstätte für die Brüder.

Ein Zeugnis gilt es an dieser Stelle noch einzuflechten – es stammt nicht aus den Federn all derer, die Antonius-Legenden gebastelt haben, sondern wird uns von Thomas von Celano in dessen erster Franziskus-Biographie übermittelt (und die entsteht noch zu Lebzeiten des Antonius). Hören wir also hin:

»Bruder Johannes von Florenz war vom heiligen Franziskus zum Minister der Brüder in der Provence aufgestellt worden. Und da er in derselben Provinz das Kapitel gefeiert hatte, öffnete ihm Gott der Herr in seiner gewohnten Liebe die Tür des Wortes und machte alle Brüder zu wohlwollenden und aufmerksamen Zuhörern ... An diesem Kapitel nahm auch Bruder Antonius teil, dessen Sinn der Herr auftat, daß er die Schrift verstand und vor dem ganzen Volke Worte, süßer denn Honig und Honigseim, über Jesus redete.«

Und während Antonius predigt, so fügt Celano hinzu, hat einer der Anwesenden eine Vision: Er sieht den heiligen Franziskus mit ausgebreiteten Armen in der Luft schweben und die Brüder segnen. Immerhin – ein Zeugnis, das auf seine Art schon Bände spricht. Antonius steht endlich bei einem Ordenskapitel nicht mehr am Rand wie noch drei, vier Jahre vorher. Man staunt über die Entwicklung. Gut möglich, daß das dem Antonius hin und wieder auch so gegangen sein mag. Aber auch mit diesem Kapitel in Arles und seinen Daten stehen wir schon wieder mitten im Dickicht der Vermutungen: Die Franziskus- und Celano-Forscher sagen, Arles hätte 1224 stattgefunden. Doch Antonius ging wahrscheinlich erst im Sommer 1225 nach Frankreich, hätte dann am 30. November – vermutlich als offizieller Delegat des Ordens, ansonsten wäre er nicht vor die versammelten Prälaten und Bischöfe gelangt, wenn er es denn ist – an jener Synode teilgenommen und bei dieser Gelegenheit einem Bischof gleich gehörig den Kopf gewaschen ob seines Lebenswandels. Und das auf lateinisch.

Antonius hat sich also wieder einmal mit einer neuen Umgebung, ihrer Sprache, ihren brennenden Probleme anzufreunden und sich einzustellen auf Fremdes und Anderes. Doch das gehört durchaus seit Anbeginn zum »franziskanischen Rotationsprinzip«, nach dem sich keiner der Brüder so lange und so intensiv an einem Ort, in einer Arbeit, bei einer bestimmten Gruppe einwurzeln soll, als daß er nicht binnen kurzem sein Bündel packen und anderswo neu anfangen kann. So anstrengend, auch menschlich anstrengend, das im Einzelfall sein wird, es wohnt dem auch die Chance inne, daß jemand agiler und geistig flexibler bleibt, als wenn er sich ein Leben lang nur auf einmal eingespurten Bahnen bewegt und alle Tage schon ausrechenbar sind. Neue örtliche Horizonte können neue geistige und geistliche Horizonte auftun – können, müssen es nicht automatisch. – Antonius wird sich wohl auch weiterhin um seinen Orden kümmern, wird lehren und predigen – und es wird ihn mittlerweile wohl auch ein Ruf begleiten, der sagt, dieser Mann sei fähig, diffizile Aufgaben anzupacken. Doch von dem, was innen in ihm vorgeht, wie sich seine Erfahrungen auf seinen Glauben, seine Hoffnungen, seine Träume, seine Bilder von Gott auswirken, erfahren wir so gut wie kein Wort – leider.

Noch eine Versetzung – zurück nach Italien

Es ist der Abend des 3. Oktober 1226. Wo Antonius sich gerade aufhält, wissen wir nicht. Irgendwo in Frankreich. Irgendwo in seinem Zuständigkeitsbereich. Bei einer seiner zahlreichen Aufgaben und Beschäftigungen.

An diesem Abend feiert Franziskus, etliche hundert Kilometer ostwärts, unterhalb seines geliebten Assisi, das er gerade noch gesegnet hat von der Bahre aus, auf der sie ihn aus der Stadt nach Portiunkula tragen, eine Art »Abschiedsliturgie«, ein letztes Mahl mit seinen Brüdern. Dann läßt er sich nackt auf die nackte Erde legen. In dieser Nacht wird er seine Augen schließen – Augen, die, fast erblindet, das geliebte Licht der Sonne schon lange nur mehr unter Schmerzen ausgehalten haben. Franziskus stirbt – ein schweres, aber reiches Leben findet ein Ende.

Antonius ist nicht dabei. Sicher, er wird wissen, daß es um den Gesundheitszustand des großen Bruders längst nicht mehr gut steht und daß er in die Nähe von »Bruder Tod« geraten ist. Aber vom Tod des Franziskus wird Antonius wohl doch erst durch eine Depesche, durch den Rundbrief erfahren haben, den der Vikar im Orden, Elias von Cortona, an die verantwortlichen Brüder überallhin entsendet.

Mitten in der Trauer, die sich sicherlich auf viele Brüder und Schwestern legt – die Lücke, die Franziskus hinterläßt, ist nicht mehr zu füllen, nie mehr zu schließen –, nimmt dann das Weitere seinen »normalen« Gang: Ganz so wie es die Regel vorsieht, wird Elias als kommissarischer Leiter der Brüdergemeinschaft das Generalkapitel des Ordens nach Portiunkula einberufen: Das Datum steht fest. Um den 30. Mai 1227, Pfingsten in diesem Jahr, werden sich die Brüder in Assisi treffen, einen »Nachfolger« wählen, sich Gedanken machen müssen, wie es denn weitergeht mit ihnen – »nach Franziskus«.

Was wird die Nachricht vom Tod des Franziskus bei Antonius ausgelöst haben? Trauer und Beklommenheit sicherlich! Aber auch Sorge und Zweifel darüber, wie sich der Anfangselan der franziskanischen Bewegung, das hohe Niveau des Aufbruchs weiterhin werden erhalten lassen? Ich vermute das sehr. Doch einmal mehr schweigen darüber die Quellen, zumindest die älteren.

Was wir nicht vergessen dürfen bei alledem: Die Wege des Franziskus und des Antonius haben sich sehr selten gekreuzt. Klar, es gibt diesen kleinen Brief, den Antonius von Franziskus empfängt. Aber Begegnungen der beiden sind rar – wenn es sie überhaupt gegeben hat. Wir wissen, daß beide an jenem aus vielen Gründen wichtigen Generalkapitel 1221 in Assisi teilgenommen haben. Aber wie unterschiedlich waren damals die Positionen: der eine der Motor einer rapide anwachsenden Gruppe von Brüdern, der andere ein kranker und frustrierter Neuling, den niemand so recht einschätzen kann, den niemand so recht kennt und auch nicht für sonderlich tauglich und begabt hält. Ob sich damals ihre Blicke gekreuzt haben, ob es zu einem oder gar zu mehreren Gesprächen gekommen sein mag – alles dunkel, alles unbekannt. Also folglich auch, wenn wir uns so die Art und Weise der Legendenschreiber ansehen und mit ihr vertrauter werden, Anlaß genug für diese Biographen, je weiter sie von den historischen Ereignissen zeitlich entfernt sind, immer neue und immer beeindruckendere Begegnungen zwischen den beiden zu »erfinden«. So, denken sie, hätte es sein können, ja *war* es für sie auch so. Die Lücke, das Schweigen der alten Quellen ist für sie in dieser Hinsicht unerträglich. Diese Lücken müssen ausgefüllt werden – und das Quentchen an »Wahrheit« dabei liegt auf einer ganz anderen Ebene. Und diese Ebene ist nicht mit Kalender, mit Uhr oder gar Stoppuhr einzuholen. Da gelten andere, »innerlichere« Maßstäbe.

Zum Kapitel im Mai 1227 werden wir Antonius wieder in Italien, in Assisi, in Portiunkula sehen. Unklar ist, wann genau Antonius aus Frankreich zurückkehrt, wann er aufgebrochen ist, was er auf dieser Reise erlebt und gefühlt

hat. Doch ein Bild dürfen wir uns wohl vorstellen (wenngleich auch darüber keine zuverlässige Nachricht überliefert ist): Antonius am Grab des heiligen Franziskus. Ein
Bild, eine Szene, die in der Kirche San Giorgio in Assisi
spielen wird. Dort, nicht in der Basilika San Francesco, die
es noch gar nicht gibt, ist Franziskus beigesetzt. Dorthin
werden damals schon viele pilgern – der zukünftige
Heilige ist ein Ziel. Gerade jetzt. Das Kapitel steht bevor.
Viele Brüder kommen aus der Ferne. Und, das scheint mir
sicher, viele von ihnen werden ihren ganz persönlichen
Abschied von Franziskus nachholen wollen und nachholen müssen, denn unmittelbar bei seinem Sterben waren
sie ja in Spanien, Portugal, Frankreich, Deutschland oder
sonstwo.

Wieder einmal die Frage, was sie bewegt haben mag in jenem Augenblick an diesem Grab. Was geht in ihren Köpfen und Herzen vor? Vor ihnen liegt der, dem sie ganz Un-
terschiedliches, doch wohl meist sehr viel verdanken. Vor
ihnen der, der das radikale Evangelium in ihr Leben hat
einbrechen lassen – und damit so manche wohlgeordnete
Biographie aus den Angeln gehoben, aus der geplanten
Bahn geworfen hat. Antonius ist da ja ein Musterbeispiel!
Das wird, das muß unter die Haut gehen. Und jetzt stehen
wieder Veränderungen bevor.

Die Themen, die für dieses Generalkapitel auf der Tagesordnung stehen, sind klar und einleuchtend: Es gilt, einen
Nachfolger zu wählen. Und es gilt, Wegmarkierungen zu
finden für die Zukunft der Gemeinschaft, Wegweiser und
Zielpunkte. Und daß dies im Schatten des großen und heiligen Franziskus für alle, besonders aber für den neuen
Generalminister, keine leichte, keine »angenehme« Aufgabe ist, wird wohl jeder nachvollziehen können, der
einmal aus solch einem mächtigen Schatten in sein eigenes
»Erwachsensein« hat treten müssen.

Das ganze Unterfangen wird auch deshalb schwierig, weil
Franziskus kurz vor seinem Tod noch ein Testament verfaßt hat und in ihm seinen Brüdern einbläut, sie hätten sich
zukünftig »*sine glossa*«, also ohne Herumdeutelei, an die
Regel zu halten – ohne Änderung, ohne die geringste Ab-

weichung, ohne Aufweichung und Anpassung. Gerade das Thema Armut wird hier die brennende Frage sein – und sie wird es bleiben für den gesamten Verlauf der Ordensgeschichte bis heute. Die Diskussion wird belastend sein, aber eben auch herausfordernd. Es wird Niederlagen und Siege geben (für die Absicht des Franziskus).

Das jedenfalls ist der Hintergrund, das Klima, in dem dieses Kapitel stattfindet. Antonius, Verantwortlicher und Abgesandter der Brüder in Frankreich, nimmt daran teil. Aber auch hierüber verlieren die Quellen kaum ein deutlicheres Wort.

Der Nachfolger für Franziskus, der neue Verantwortliche, ist bald gefunden und gewählt: Johannes Parenti, zuletzt Provinzialminister der römischen Ordensprovinz. Er wird Generalminister bleiben bis zum 29. Mai 1232, also bis über den Tod des heiligen Antonius hinaus. Diesem Johannes Parenti nun ist Antonius sehr wohl schon begegnet. Erinnern wir uns: Bruder Johannes ist Provinzialminister in Spanien und Portugal, als Antonius, damals noch Fernando, den Orden wechselt, die Augustiner-Chorherren verläßt und sich den Franziskanern anschließt. Johannes wird demnach, also im Jahre 1220, der erste zuständige Obere im neuen Orden für Antonius. Er ist es auch, dem Antonius die Zustimmung zu seinem Vorhaben abringt, unmittelbar durchzustarten zur Mission »bei den Sarazenen«, also nach Marokko. Dieses Faktum könnte Antonius in guter Erinnerung geblieben sein. Ein anderes hingegen wird ihn vielleicht noch schmerzen: Beim Pfingstkapitel im Jahre 1221, als Antonius erstmals nach Assisi und in die Nähe des Franziskus kommt, ist Johannes ja immer noch der eigentlich zuständige Obere für ihn. Aber am Ende des Kapitels hat er »seinen« Antonius übriggelassen und ihm, der damals vom »Mißerfolg« seiner Marokko-Unternehmung und von schwerer Krankheit angeschlagen war, damit eine überaus bittere Stunde beschert.

Wie also ist jetzt, nach dem Tod des Franziskus, das Verhältnis dieser beiden? Hat Bruder Johannes Parenti den »Aufstieg« des Antonius im Orden wenigstens von ferne mitverfolgt und mitbekommen, sich gewundert, was aus »dem« noch geworden ist? Nämlich der hinreißende Prediger, der von Franziskus als Vorbild hingestellte theologische Lehrer für die Brüder und der Reorganisator (soweit sich das sagen läßt) der südfranzösischen Ordensprovinz. Oder, andersherum, ist Antonius mit der Wahl des Johannes zum Generalminister zufrieden? Hat er ihn gar gewählt? Eines jedoch ist sicher: Nach diesem Kapitel wird Antonius nicht mehr, wie damals 1221, im Schatten stehenbleiben. Antonius wird Provinzialminister.

Ob Antonius nun auf Vorschlag des neuen Generalministers oder eines anderen Bruders in das Leitungsamt für die Provinz der Romagna gewählt wird, bleibt unklar. Sicher jedoch mußte der neue Generalminister diese Wahl bestätigen. Antonius, offensichtlich erfahren und geeignet für diese neue Aufgabe, hat wohl mittlerweile nicht mehr den Eindruck erweckt, er wäre zu nichts zu gebrauchen. Immerhin müssen wir uns auch darüber im klaren sein, daß diese Provinz der Romagna ein riesiges Arbeitsfeld ist, das letzte und große Arbeitsfeld für seine dritte Predigtperiode: Die Provinz reichte damals von Genua im Westen über Mailand, Bologna bis Padua und Venedig im Osten. Fast ganz Norditalien also! Und schon gute zehn Jahre später, 1239, werden auf diesem Gebiet sage und schreibe vier Provinzen im Zuge einer Neuorganisation errichtet – mithin übernehmen dann vier Provinziale das Terrain, für das Antonius jetzt allein zuständig ist.

Was dabei die Aufgabenfülle anlangt, wird Antonius sich kaum über Arbeitslosigkeit beschweren können: Er wird pausenlos unterwegs sein, die Konvente und Niederlassungen der Brüder besuchen, wird neue Konvente und Stationen gründen, wird weiterhin apostolisch als Prediger in diesem Gebiet auf Achse sein und hineingezogen in die Fragen, Probleme und Auseinandersetzungen, die die Leute halt so bewegen und bedrücken. Und er wird wohl auch – ganz im Sinne des Franziskus, dessen Erbe er und die anderen Oberen ja durch diese schwierige Zeit des Wandels nach dem Tod der charismatischen Führergestalt aufrechtzuerhalten suchen – der sich zuständig fühlende

Seelsorger für die Brüder selber sein. Es ist jedenfalls kein »Schreibtischposten«, keine Schaltstelle der Macht, an der die Brüder einfach nur wie Schachfiguren hin- und herge- schoben werden.

Manche für Antonius altbekannten Orte liegen nun in »seinem« Gebiet: Montepaolo, Forli, Bologna – und ein neuer, dem er zukünftig seinen Beinamen verdanken wird: Padua.

Es wird auch langsam Zeit –
endlich Padua

Die nun folgenden italienischen und Paduaner Jahre des
Antonius könnten, auf einen Nenner gebracht, mit Vergilio Gamboso etwa so lauten: »Von Kloster zu Kloster
durchwanderte der heilige Antonius Kilometer über Kilometer zu Fuß zu allen Jahreszeiten; so durchzog er alle
Straßen und verweilte in allen bedeutenderen Städten seiner Provinz. Im weit zurückliegenden 13. Jahrhundert erreichte das mittelalterliche Leben einen hohen Auf-
schwung. Es war die Jugendblüte einer neuen Zivilisation,
reich an Idealen und Poesie, kühnen Heldentaten und be-
geisternden Entdeckungen. Aber wie eben jede Jugend-
zeit, so mußte auch diese sich wider ankämpfende Gegen-
strömungen und zersetzende Spannungen behaupten.
Italien stellte damals das bunte Bild einer Unmenge kleiner Staaten dar, zwischen denen ständig Krieg herrschte:
Stadt gegen Stadt, Adelige gegen das niedere Volk, Staat
gegen Kirche. Und das erfahrungsgemäße Ergebnis: Verheerungen, Beutezüge, erbitterte Kämpfe, Verbannung,
unversöhnlicher Haß, Elend. Die Gesetze waren von ro-
her Härte geprägt und begünstigten die Bestrebungen des
reichen Bürgertums gegen jene des kleinen Volkes. Dem
Heiligen wird die Aufgabe zufallen, durch diese Schwe-
sterstädte zu ziehen, die christliche Botschaft des Friedens
zu bringen und alle Menschen aufzurufen zu einem
Kreuzzug der Eintracht und Güte. In Padua, seiner Lieb-
lingsstadt, wird er die Stadtregierung veranlassen, das
grausame Gesetz gegen die Schuldner zu mildern. Und in
seinen stürmisch begeisterten Predigten wird der Heilige
mit aller Schärfe gegen eines der unheilvollsten Übel der
Zeit ankämpfen: gegen den Wucher. Die Wucherer in ihrer
unersättlichen Gier waren es, die viele Familien von Be-
dürftigen zur Verzweiflung, ins Elend und sogar zum Ver-
brechen trieben.«

Diese wenigen Sätze deuten schon an, daß auf Antonius kein Spaziergang wartet, als er das Amt des Provinzialministers in der großen Provinz der Romagna antritt, einer Provinz, die sich über viele politische Staaten und Gebilde hinweg ausdehnt (auch das erleichtert, wie man sich gut vorstellen kann, die Sache nicht). Und mitten in den vielfältigen Auseinandersetzungen seiner Zeit trifft Antonius, so könnte man vielleicht mit einem modernen Begriff sagen, seine »Option für die Armen und Entrechteten«. Darin folgt er »seinem« Franziskus, der sich ja ebenfalls in dieser aufgewühlten Zeit ganz und gar selbst in die Kleider der Randständigen begibt. Vom Evangelium und von ihnen, den Ausgebeuteten, die dauernd übers Ohr gehauen werden, lernen beide ihren Weg.

Für mich hat es aber den Anschein, daß Antonius eine Spur »politischer« ist, gerade wenn wir uns seine Friedenspredigt, sein konkretes Eingreifen in Konfliktsituationen und Krisengebieten anschauen, besonders aber seine Interventionen bei ganz konkreten gesetzgeberischen Entwicklungen. Gesetze werden geändert, wenn dieser Antonius seine flammenden Predigten gegen die Wucherer hält oder wenn er tyrannischen Herrschern die Stirn bietet. Ähnliches gilt aber auch im innerkirchlichen Bereich, wenn Antonius sich nicht scheut, einem Bischof (wie anscheinend in Frankreich geschehen) kräftig und unmißverständlich die Meinung zu sagen. Diesen Zug, diese Offenheit und Direktheit, die Neigung, sich einzumischen, finden wir in gleicher Weise bei Franziskus nicht, obwohl auch er, aber aus anderen Gründen, nicht immer zurückhaltend war mit der Kritik am Klerus (zum Beispiel, wenn Priester die Sorge und die Verehrung der Eucharistie sträflich vernachlässigten).

Damit ist nun gleichsam die »Außenseite« seiner Tätigkeiten beschrieben, seine Wirkung außerhalb des Ordens (und auch die nur zum Teil). Es gibt aber auch noch eine »Innenseite« (wie schon in Frankreich, wo er in verschiedenen Leitungsaufgaben die Strukturierung des Ordens mitaufbauen hilft): Dabei geht es um den Orden der Franziskusbrüder und dessen Zukunft selbst. Auch hier kann ich auf ein paar Bemerkungen von Vergilio Gamboso verweisen: »Drei Jahre hindurch, von 1227 bis 1230, war er (Antonius) der Schutzgeist für die ihm anvertrauten Mitbrüder. Die alten Lebensbeschreibungen bezeugen übereinstimmend und mit Nachdruck, daß die vielfältige apostolische Tätigkeit den Heiligen keineswegs von seiner klar vorgezeichneten und heiklen Aufgabe ablenkte: seine Mitbrüder auf der erhabenen Höhe des franziskanischen Ideals zu bewahren.«

Das mag nun für unsere Ohren auch etwas arg hagiographisch klingen, ganz in Stil der alten Heiligenlegenden also, und ein bißchen zu erfolgsschwanger sein. Dennoch – in diesen Aussagen klingt ein Kernproblem an, das Antonius und nach ihm immer wieder sehr viele franziskanisch inspirierte Menschen bewegt hat: Wie ist die Aura, wie die Art und Weise des Franziskus, Evangelium zu leben, in jeweils neue Zeitläufte herüberzubringen, ohne Verrat am großen und maßgebenden Anfang zu üben? Was bleibt von diesem Anfang, was bleibt, wenn der anfeuernde Geist und die zurechtweisende Kritik des Franziskus eben nicht mehr handgreiflich zu haben sind?

Bei dem Versuch, Seelsorger und Begleiter seiner eigenen, ihm anvertrauten Brüder zu sein, kümmerte sich Antonius, so eine alte Quelle, »wie eine Mutter« um die Seinen. Dieser Zug der »Mütterlichkeit« hat etwas genuin Franziskanisches – schon Franziskus selbst fordert in seiner »Regel für die Einsiedeleien« die Brüder auf, sich wechselseitig als Mütter füreinander zu erweisen (darüber ließe sich, gerade aus heutiger Sicht bei den sich ändernden Rollen der Geschlechter, einiges mehr sagen).

In diese Innenseite, in diese Auseinandersetzung innerhalb des Ordens, die sich schon auf dem ersten Kapitel nach dem Tod des heiligen Franziskus abzeichnet, ist Antonius also ebenfalls hineingezogen. Doch bevor wir darüber im nächsten Schritt weiter nachdenken werden, wenden wir uns zunächst Padua zu.

Von Padua war bislang in der Lebensgeschichte des Antonius noch nicht so sehr häufig die Rede – und das, obwohl unser Bruder Antonius die Stadt in seinem Namen führt (zugegeben, so sicher, daß er sich selbst »Antonius von Padua« nannte, kann man ohnehin nicht sein).

Was ist das für eine Stadt zu seiner Zeit? Zunächst ist sie einfach eine Stadt, die im Einzugsbereich seiner neuen Amtstätigkeit als Provinzial für Oberitalien liegt. Sie hat wohl so um die 10 000–15 000 Einwohner, ist in rapidem Wachstum begriffen und erfährt viele der gesellschaftlichen, politischen und kirchlichen Veränderungen an ihrem eigenen Leib. Und das selbstverständlich mit all den Konsequenzen, Unruhen und Unsicherheiten, die damit einhergehen. So wundert es auch nicht, daß in den vier Paduaner Jahren des Antonius die Stadt vier Bürgermeister verschleißt. Bischofssitz ist die Stadt zudem (Antonius erlebt dort in seiner Zeit zwei Bischöfe: den aus Modena stammenden Giordano Maltraversi, der von 1214 bis 1228 als Bischof fungiert, und den Paduaner Jacopo Corrado, von 1228 bis 1239 Bischof seiner Vaterstadt). Obwohl Padua und seine Umgebung in der Mehrzahl von Habenichtsen bewohnt wird, es nur wenige Adelsfamilien und unwesentlich mehr reiche Bürgerfamilien gibt, genießt die Stadt den Ruf einer schon vorwärtsstrebenden Universitätsstadt: 1222 war eine Gruppe von Professoren und Studenten, alles Anhänger des Bischofs Giordano Maltraversi, von der altehrwürdigen Universität Bologna nach Padua gewechselt (dahinter darf man einmal mehr einen massiven Konflikt vermuten) und hatten dort den Studienbetrieb aufgenommen. Sie konnten dabei an die lokalen Traditionen anknüpfen; es gab bereits bischöfliche und ordenseigene Lehrhäuser in Padua.

In vielem ist Padua also eine Stadt, in der sich die Verhältnisse der Zeit und ihre Zeichen widerspiegeln, Verhältnisse, in die Antonius nun immer wieder eingreift. Die »Legenda assidua« bringt die vielen »Einmischungen« des Antonius in den Paduaner Alltag auf den Punkt, wenn sie sagt:

»Antonius stellte den brüderlichen Frieden bei zahllosen Unstimmigkeiten wieder her; er gab Gefangenen ihre Freiheit wieder zurück; er ließ das zurückerstatten, was mit Gewalt und Wucher entwendet worden war: es kam

sogar soweit, daß man Häuser und Land mit Schulden be-
lastete und den Erlös dem Heiligen zur Verfügung stellte;
auf seinen Rat hin wurde geraubtes Gut, ob auf gütlichem
oder gewaltsamem Weg entwendet, den Bestohlenen zu-
rückerstattet. Er befreite die Dirnen aus ihrem schändli-
chen Geschäft, und Diebe, die ob ihrer Missetaten
berühmt waren, bewahrte er davor, ihre Finger an anderer
Leute Sachen zu versuchen.«
Das ist ein Resumée, das ein Augenzeuge, so steht zu vermuten, zieht. Es klingt zwar ein wenig so, als wäre das Ra-
ster eines klassischen Katalogs der Werke der Barmherzigkeit als Folie zugrundegelegt, doch es besteht wenig Anlaß
zum Zweifel: Antonius hat massiv eingegriffen in die Situation der Stadt, hat sich aktiv auf die Seite der Bestohlenen, der Ausgebeuteten, der Gefangenen und der vielen
Frauen (damals wie heute, vor allem in der Dritten Welt,
ist Prostitution für viele Frauen der einzige Weg für sie
selbst und ihre Familien, der Armut zu entkommen, die
sie selbst so oft gar nicht verschuldet haben) gestellt, für
sie gepredigt, auch gebrüllt und gehandelt. Antonius ist
eine Figur der Öffentlichkeit – ganz ohne Frage; und er
ist eine Figur der Stabilisierung der Lebensverhältnisse,
gerade für die Armen!
Die Frage, die sich mir aufdrängt: Wie hat er das bloß geschafft? Der Gesamtorden, dem er angehört, ist in einer
schweren Übergangsphase, die Stadt, in der er zeitweilig
lebt, erschüttert von sozialen und politischen Unruhen,
bei denen, wie üblich, die Kleinen die Zeche zahlen, er
selbst krank und dennoch rastlos unterwegs.
Vielleicht – so ein Antwortversuch – findet dieser Antonius in den Paduaner Wintern immer wieder die Zeit für
Stille, Meditation und Gebet, die allein die Wurzeln für
eine friedliche Veränderung der politischen Lage sind.
Und vielleicht auch sind die langen Märsche und Fußwege
zwischen seinen vielen Einsatzorten immer wieder Gelegenheiten, sich im Gehen und Laufen stundenlang einzu-
schwingen auf den, der das alles vorgemacht hat mit den
Wucherern, Zöllnern, Huren und Armen: auf Jesus Christus und die Botschaft von ihm und über ihn, die Evange-

lien. Anders kann ich mir das nicht vorstellen. Reisen, von einem Ort zum anderen ziehen, geht anders damals: Es geht nicht um die schnellstmögliche Überwindung einer Zahl von Kilometern, sondern um das eingestimmte, vorbereitete Ankommen bei denen, die einen dort erwarten. Und das birgt immer wieder die Chance für Gebet, für Klarheit und neue innere Stärke.

»Trouble in Paradise!« –
Auseinandersetzungen im Orden

Die Anforderungen, denen sich Antonius stellen muß in seiner Zeit als Provinzialminister der Romagna, sind enorm. Einen kurzen Blick haben wir gerade darauf werfen können. Wie er das alles schafft, bleibt letztlich ein Rätsel:

»Es mag verwundern, daß er – gequält von einer gewissen natürlichen Beleibtheit und darüber hinaus durch ständige Krankheit gepeinigt – trotzdem aufgrund seines unermüdlichen Seeleneifers auf dem Predigen, der Unterweisung und dem Hören der Beichte beharrte, die bis zum Sonnenuntergang andauerten – und dies oft mit nüchternem Magen.«

So staunt die »Legenda assidua«. Sie sieht, wie sich einer durch die Lage hindurchquält. Sie sieht, wie sich einer nicht bremsen läßt, obwohl jeder halbwegs Vernünftige sagen wird: »Schone dich! Kuriere dich erst mal aus!«

Antonius, der wohl von Natur aus nicht den Eindruck eines ausgezehrten Asketen macht, ist aufgeschwemmt durch eine Wassersucht, die er nicht mehr so richtig losbekommt. Dahinter dürften Herz- und Kreislaufbeschwerden stehen. Nein, das ist kein Honigschlecken, sich da aufzurappeln, dann durchzuhalten und immer wieder dazwischenzufunken.

An dieser Stelle kann uns leicht der andere kranke Heilige, kann uns Franziskus in Erinnerung kommen – auch ihm ist in den letzten Jahren seines Lebens sehr wenig geschenkt worden. Seine Diagnoseliste ist noch länger – und sogar »gekrönt« von den Wundmalen (und die trägt er ja nicht wie bunte Medaillen zur Schau. Das sind Wunden, offene Wunden, die schmerzen, die nässen, die bluten!).

Doch es gibt noch andere Wunden, denen sich Antonius nach dem Tod des Franziskus wird wieder zuwenden müssen. Die Ordensgeschichte selbst reißt sie.

Nach dem Tod des Franziskus hatte Elias von Cortona in einem Rundbrief die Brüder darüber informiert, was in Assisi geschehen war. Ein knappes halbes Jahr später, im Frühjahr 1227, wird auf dem Generalkapitel in Portiunkula ein Nachfolger für den »Poverello« gewählt: Johannes Parenti. Antonius ist bei diesem Kapitel anwesend und übernimmt das Amt eines Provinzialministers. Für ihn und für sicherlich so manchen anderen Mitbruder in verantwortlicher Position wird deutlich, was sich langsam abzeichnet. Es wird jetzt, da die wegweisende Figur des Gründers fehlt, unterschiedliche Gruppierungen in dem immer noch rasch anwachsenden Orden geben. Als *der* Punkt der Auseinandersetzung schält sich klar die Frage der Regelauslegung, gerade im Blick auf die Armut, heraus. »Fundamentalisten«, die keinen Deut von der Regel wegwollen, stehen »Realos« gegenüber, die sehen, daß ein sich rasch ausbreitender Orden wohl kaum um gewisse Modifikationen, um Angleichungen oder Anpassungen, herumkommt, wenn der Orden in eine zweite oder dritte Generation von Brüdern gelangen soll, die den Gründer schon gar nicht mehr persönlich gekannt hat. Zudem wird der Orden an manchen Stellen in die politischen Konflikte zwischen Papst und deutschem Kaiser hineingezogen. Auch das hat Folgen, ebenso wie die simple Tatsache, daß Brüder älter werden und krank, also versorgt werden wollen, und daß die Bevölkerung die Franziskaner so »mag«, daß man immer wieder das eine oder andere stiftet. Plötzlich sind also materielle Mittel da, Häuser, Kirchen.

Das sind lange nicht alle Gründe für die Veränderungen und den Streit, der in deren Gefolge entsteht und der sich im Laufe der Ordensgeschichte zuspitzen und zu zahlreichen Spaltungen führen wird. Noch ist es nicht soweit, doch die »Fronten« beginnen langsam Gestalt anzunehmen.

Am 16. Juli 1228, also keine zwei Jahre nach seinem Tod, wird nun Franziskus von Papst Gregor IX. heiliggesprochen. Ein rasantes Tempo zweifellos. Aber auch diese Heiligsprechung steht schon im Zusammenhang mit dem päpstlichen Konflikt mit den Stauferkaisern. Das soll die

Lebensleistung des heiligen Franziskus nicht schmälern, aber immerhin werden die Franziskaner (aber nicht nur sie, sondern eine ganze Reihe zentral organisierter Orden) im Laufe der Geschichte auch zu einem kirchlichen Machtfaktor – und direkt Rom unterstellt, nicht lokalen kirchlichen Strukturen, die ja sehr verwoben sind mit der weltlichen Macht. Zugleich wird in Assisi der Grundstein gelegt für die Basilika »San Francesco«, die zukünftig den Leichnam des Franziskus beherbergen soll. Die Kirche ist auch ein politischer Bau des Papstes: der Gegenbau zur zerstörten Stauferburg oberhalb Assisis, ist politisches Symbol!

Ob Antonius bei der Heiligsprechung und Grundsteinlegung in Assisi anwesend ist, verschweigen die Quellen. Mitbekommen wird er diese Ereignisse natürlich.

Schon knappe zwei Jahre später ist der Bau der Grabeskirche in Assisi so weit fortgeschritten, daß man Franziskus von der Kirche San Giorgio überführen will in die neue Basilika. Es ist das Frühjahr 1230, genauer: Mitte Mai, wieder kurz vor Pfingsten und dem anstehenden Pfingstkapitel. Deshalb steht zu vermuten, daß Antonius bei der Überführung anwesend ist, denn auf dem Kapitel im Mai 1230 ist er mit Sicherheit (eines der wenigen Daten, das sich mühelos belegen läßt).

Der Papst selbst hat dieses Kapitel turnusgemäß einberufen. Antonius wird als Provinzialoberer von Amts wegen teilnehmen müssen. Der Papst hingegen ist dann sowohl bei der Überführung des Franziskus in die neue Basilika als auch beim Kapitel an der Teilnahme verhindert.

Die mit großem Pomp geplante Überführung geht gründlich daneben (so urteilt Jacques Toussaert), endet in einem »katastrophalen Durcheinander« (so Lothar Hardick). Es kommt zu Tumulten und Ausschreitungen. Das verwundert zunächst. Wo bleibt die Pietät, die Würde? Aber die Atmosphäre ist für mittelalterliche Menschen bei derartigen Anlässen wohl von Haus aus angespannt und angeheizt. Der Grund dafür liegt einerseits in der Angst, die Reliquien des Franziskus könnten gewaltsam entwendet werden (sie sind buchstäblich Gold wert – mittelalterliche

Reliquienfrömmigkeit hat auch eine »Bargeldseite«; und wenn es um's Geld geht, wird es leicht tumultuarisch). Andererseits könnte das Gerücht aufgekommen sein – Gerüchte beißen sich in derartigen Situationen besonders leicht fest –, daß schon ein paar Tage vor dem 25. Mai, dem Pfingstsamstag, auf Anordnung einiger maßgeblicher Minderbrüder der Leichnam des Franziskus in einer Nacht- und Nebelaktion in die Basilika gebracht worden ist. (Dann hätte man also bei der offiziellen Feier wohl eher einen leeren Holzsarg herumgeschleppt – so ganz aufzuhellen ist das alles nicht, aber es braucht wenig Phantasie, sich die Folgen derartiger Flüsterpropaganda vorzustellen. Die Menge fühlt sich verschaukelt und um eine wichtige Zeremonie, um die handgreifliche Nähe zum Heiligen betrogen.) Egal ob nun auf Veranlassung von Generalminister Elias von Cortona der Leichnam des Franziskus schon vorher überführt worden ist oder ob er bei dem feierlichen Zug mitgetragen wird – Assisi ist klein, die Atmosphäre geladen, viele Leute da und auch die ständige Angst, das übermächtige Perugia könnte mit einer Streitmacht auftauchen und Franziskus entführen. Und dann der Gipfel – den Assisianern wird der Zutritt in die Basilika verwehrt, nur Elias und ein paar auserkorene Brüder dürfen noch in die Kirche. Keiner soll sehen, wo genau Franziskus bestattet wird. Natürlich revoltieren die Ausgesperrten. So nahe an Franziskus und doch kein Zugang! Das ist unerträglich. Die Stadtwache zieht vor der Basilika auf. Handgemenge. Schlägereien. Skandal. Reichlich befremdlich all das aus unserem Blickwinkel. Und dabei wollen der Magistrat Assisis und Br. Elias eigentlich nichts anderes als die Leute draußen vor der Tür: verhindern, daß jetzt und in Zukunft der Leichnam gefunden und fortgeschleppt werden kann. Deshalb diese Geheimniskrämerei, deshalb verstecktes Grab hinter dicken Mauern, deshalb sogar die Bereitschaft, einen Krawall zu riskieren. Es hagelt denn auch – erstaunlich schnell ist der abwesende Papst informiert – Exkommunikationen und Interdikte, die »üblichen« Kirchenstrafen. Nicht weniger erstaunlich aber ist die Tatsache, daß über diese ganzen Geschehnisse bald der Mantel des Schweigens und der Vergebung gesenkt wird (auch das ein Grund dafür, daß der genaue Hergang nicht mehr so ganz einfach zu rekonstruieren ist). Man kann kaum umhin, anzunehmen, daß den meisten Beteiligten rasch dämmert, daß die Schutzmaßnahmen nur zu ihrer aller Gunsten ausschlagen werden.

Zudem gibt es natürlich auch schon eine Gruppe von Brüdern, die den ganzen Zinnober um die Basilika für den strikten Beweis dafür halten, daß man die Ideale des Franziskus in seinem eigenen Orden nicht mehr überall hochhält und verrät. Und all das unmittelbar vor dem Generalkapitel! Das riecht förmlich nach Mißtrauensvotum und nach Kampfabstimmung!

Die Luft ist voll von ungelösten Problemen. Es wäre hohe Zeit, sich zusammenzusetzen und ordentlich miteinander zu reden. Dazu hätte es vielleicht doch hilfreich sein können, einen neutralen Leiter dabeizuhaben, den Papst zum Beispiel – doch der glänzt durch Abwesenheit. Aber daran soll es letztlich nicht scheitern bei den Versuchen, lebens- und mehrheitsfähige Kompromisse zu finden. Es wird eine Delegation zusammengestellt, die nach dem Kapitel zum Papst nach Rom reist und dort die Diskussionen fortführt. Zu dieser Gruppe wird Antonius gehören.

Nach dem turbulenten und wohl auch unbefriedigenden Kapitel in Assisi wird der Richtungsstreit um die authentische Auslegung der Franziskusregel also nach Rom und vor den Papst und die Kardinäle verlagert. Auch hier sehen wir, wenngleich wir wenig Genaues wissen, Antonius in der Mitte dieser Entwicklungen und zudem in offizieller Mission des Ordens, um den Papst von den Vorgängen im Orden zu informieren. Unterdessen verschwindet Elias von Cortona, der ehemalige Vikar des Franziskus und verlängerte Arm des Papstes beim Bau der Grabeskirche in Assisi, für eine Zeit der Buße in einer Einsiedelei (er ist in der ganzen Geschichte des Ordens der große Buhmann, geradezu der Inbegriff, die Symbolfigur des Verrates an Franziskus), während Johannes Parenti, der Generalminister, der wohl ziemlich überfahren worden ist von den Entwicklungen, im Amt bleibt, aber gehörig seine

Wunden zu lecken hat (viele seiner Parteigänger im Orden sind kaltgestellt worden).

Antonius also zieht mit fünf Brüdern nach Rom zu Papst Gregor IX. Wie lange er dort an der Kurie sein wird, wie oft er mit dem Papst und den Kardinälen ins Gespräch kommt, welche handgreiflichen Ergebnisse diese Mission für den Orden hat, bleibt merkwürdig unklar. Die Quellen jedenfalls sind zunächst wieder einmal sehr spröde in ihren Angaben (erst jüngere beginnen wieder kräftiger auszumalen). Der Papst jedenfalls wird sich wohl genügend Zeit gelassen haben, die Gesandtschaft anzuhören, sie dann wieder zu entlassen und später den Generalminister selbst zu sich zu rufen.

Auch mit seiner konkreten Antwort auf diese frühen Richtungskämpfe im Franziskanerorden läßt sich Papst Gregor IX. einige Zeit. Erst am 17. Oktober 1230 formuliert er mit der Bulle »Quo elongati« seine Stellung zu den Konflikten, beruft sich dabei zunächst auf den einzigen kirchlich gebilligten »Gesetzestext« des Ordens, die Regel vom 29. November 1223, zieht aber auch das massiv auf der »unaufgeweichten« Armut bestehende Testament des Franziskus (das kein kirchlich-rechtlich anerkanntes Regelwerk ist) mit ins Kalkül.

Doch den Streit wird der Papst letztlich damit auch nicht beenden oder schlichten können. – Der Konflikt wird sich später zuspitzen, wird immer wieder aufflammen und mächtige und einschneidende Konsequenzen haben – bis hin zur Spaltung des Ordens.

Ob Antonius nun mit seiner Mission zufrieden war, ob er die zukünftigen Entwicklungen und Konflikte sich schon verschärfen sieht, ob er als loyaler Bruder in der Verantwortung gegenzusteuern sucht – all das sind wiederum Themen, über die wir nur spekulieren können und keine direkten Anhaltspunkte haben. Doch auf dem Kapitel von 1230 hat sich für Antonius persönlich nochmals einiges geändert. Antonius ist nicht mehr Provinzial. Die »Legenda assidua« berichtet, gewohnt knapp und ohne ein Wort über die ordensinternen Turbulenzen zu verlieren, folgendes:

»Zur Zeit des Generalkapitels, als die Reliquien des heili-
gen Franziskus in die Kirche gebracht wurden, wo sie ru-
hen und gebührend verehrt werden, bekam der Gottes-
diener Antonius, nachdem er von der Führung der Brüder
entbunden worden war, von dem Generaloberen die volle
Predigtfreiheit zugesprochen.«
Das heißt nun nicht mehr und nicht weniger, als daß Antonius das Provinzialamt für die riesige Provinz der Romagna aufgibt, um sich – neben der zunächst anstehenden
Aufgabe als Delegat für den Papst – ganz seiner Predigttätigkeit zu widmen. Es ist so eine Art Sonderposten, der
in der Ordensstruktur wohl nur in einer eher freieren und
beweglicheren Anfangszeit denkbar ist (noch sind die
Strukturen nicht so erstarrt, daß man nicht Ausnahmebe-
gabungen Rechnung tragen könnte). Johannes Parenti,
der immer noch zuständige Generalminister, hat damit für
seinen Bruder Antonius ein spezielles und überaus pas-
sendes Feld eröffnet, ihn zudem von vielerlei anderen
Aufgaben befreit, die dem kranken Mann wohl nicht nur
Lust, sondern, je länger je mehr, auch Last waren.

Antonius hat die Stirn und bietet sie einem Tyrannen

Was nun folgt, ist eine Episode, die in vielerlei Hinsicht charakteristisch ist für die Problematik, in der Antonius in seiner Zeit steht, aber auch bezeichnend dafür, wie die Quellen mit dieser Geschichte umgehen. Worum geht es und um wen? Nun, die Quellen aus dem 13. Jahrhundert hüllen sich entweder in beredtes Schweigen, oder sie sprechen von einem »Wolf«, der zum Lamm wird – wenigstens kurzzeitig.

Der »Wolf« in dieser Geschichte, die übrigens zeitlich auch nicht so ganz genau einzuordnen ist, heißt Ezzelino III. de Romano. Er ist der Herrscher, der Podestà, der Stadt Verona – und das seit 1226. Zudem ist er wohl kein sehr angenehmer Zeitgenosse, sondern mehr oder weniger ein Blutsauger, ein Ausbeuter, ein Menschenräuber, dazu ein Gönner der Katharer (eine der vielen häretischen Gruppen, gegen die Antonius immer wieder zu Felde zieht). Dementsprechend ist sein Ruf. Noch dazu hat er einen Bruder von der nämlichen Sorte, der der »Chef« in Treviso ist – einer norditalienischen Stadt, die mal wieder mit Padua im Krieg liegt. Dieser Ezzelino setzt nun am 30. Mai 1230 einen Widersacher und Gegner, den Grafen von San Bonifacio, einfach gefangen. Ezzelino in die Hände zu fallen, wird alles andere als angenehm sein. Und die Haft zieht sich in die Länge.

Und nun betritt Antonius die Bühne. Erinnern wir uns: Er dürfte gerade eben aus Portiunkula und Rom zurückgekehrt sein, immer noch voller Gedanken daran, wie es denn nun im eigenen Haus, sprich: dem Orden, weitergeht. Und schon belagern sie ihn wieder. »Sie«, das sind in diesem Augenblick paduanische Adelige, unter denen der gefangene Graf wohl Freunde gehabt haben wird und die nach Wegen suchen, ihn wieder aus dem Maul des Wolfes zu befreien. Also fragen sie Antonius, bitten ihn, nach

Verona zu gehen, direkt in die Höhle des Löwen. Er werde wohl als einziger etwas ausrichten können, wenn er interveniere, mögen sie sich gedacht haben. »Et rogatus, ibit Veronam« – so knapp und kurz, so lakonisch sagt es dann eine Quelle (eine von denen, die die ganze Sache nicht verschweigt, sondern sogar mächtig ausmalt): »Und gefragt, ging er nach Verona.« – Einfach so.

Was erzählen nun die Quellen von der Begegnung, wenn sie sie denn überhaupt erzählen? Nun, Antonius tritt vor dem Tyrannen auf, liest ihm mächtig die Leviten, fällt nicht auf dessen böse Gegenattacken und hinterlistigen Schachzüge herein. Er beschwört bei dem Tyrannen eine böse Vision herauf, in der dieser sich schnurstracks in die Hölle fahren sieht, wenn er nicht endlich zum »lieben Lamm« wird, den Gefangenen und andere freigibt und überhaupt endlich einen richtigen Lebenswandel anstrebt. Die Quellen malen das sehr bunt aus: Der Tyrann erhebt sich, vom Blitz der Erkenntnis getroffen, und legt nach der Art der Minderbrüder vor versammelter Mannschaft ein Schuldbekenntnis ab und sich einen Strick um den Hals... – als Zeichen demütiger Reue und seines Willens zur Bekehrung.

Führen wir uns, zum Kontrast, kurz vor Augen, was Sophronius Clasen zu diesem Vorfall und den späteren Berichten darüber zu sagen hat: »Die Tendenz, den Heiligen (Antonius also) mit Wundern zu umgeben, ist so ausgeprägt, daß die Volkspsyche sogar Mißerfolge des Heiligen in Wunder umwandelt.«

Was war geschehen? Sophronius Clasen erläutert es uns: »Im Jahre 1230 war Richard von San Bonifazio, das Haupt der guelfischen Partei, von dem Ghibellinen Ezzelino von Verona besiegt und gefangengenommen worden. Antonius verwandte sich für dessen Freiheit. Die spätere Legende (das ist die uns schon bekannte ›Benignitas‹) läßt dabei das Antlitz des Heiligen erstrahlen, so daß Ezzelino glaubte, in die Hölle zu versinken, in sich ging, mit einem Strick um den Hals seine Schuld eingestand, den Gefangenen freigab und durch den Eindruck des Heiligen vor mancher Übeltat bewahrt blieb. Diese Erzählung steht

nun aber in direktem Widerspruch zu einer zeitgenössischen Chronik des Rolandino von Padua, der mit feiner
psychologischer Einfühlung erzählt, wie Antonius bei
diesem Bittgang keinerlei Erfolg gehabt hat und darüber
so niedergeschlagen war, daß er sich in die Einsamkeit
zurückzog. Er erklärt den Mißerfolg mit dem Hinweis:
›Selbst gerechte Bitten haben keinen Erfolg, wo die Liebe
nicht gedeihen kann.‹«

Was lernen wir dabei? Schauen wir uns diese Legende an
und die historische Wirklichkeit, die hinter ihr steht, so
wird zum einen auf einen Schlag klar, warum viele Quellen diese Begegnung verschweigen: Sie haben kein Interesse daran, über die Fehlschläge im Leben des heiligen Antonius zu berichten. Das stört einfach das klare und ma-
kellose Bild. Aber auf der anderen Seite wird, sofern erzählt wird, aus einem Heiligen, der mit seinem Gott und
dessen Evangelium unterwegs ist, ein unerreichbarer und
sonderlich fremder »Säulen- und Altarheiliger« – wo der
hinlangt, wächst nur Erfolg.

Aber das stimmt einfach nicht! Es stimmt weder für Antonius, noch stimmt es für so viele andere heilige Frauen und
Männer. Auch aus diesem Grund ist es notwendig, sich
allzu steilen Heiligenlegenden mit einer gewissen Vorsicht
zu nähern, etwas an den Bildern und ihrem Strahllack zu
kratzen, damit ein heiliger Mensch wieder ein wenig irdi-
scher, aber deshalb nicht weniger heilig, zum Vorschein
kommt. Mögen manche Legendenschreiber auch von
ihrem Heiligen so mitgerissen werden, daß sie in ihrer damaligen Erzählabsicht und -weise das Dunkle und Un-
stimmige tilgen, so läßt sich das bis zu einem gewissen
Punkt mittragen und nachvollziehen. Das ist die Art, die
heimliche Übereinkunft, wie man von einem Heiligenleben zu berichten hat. Das ist die wirklich zeitgebundene
Handschrift. Aber sobald aus dieser Art der Berichterstattung der moralische Zeigefinger hervorlugt – »So mußt du
werden! Heilig! Durch und durch! Das ist das Vorbild!
Die haben es auch geschafft!« – oder, schlimmer noch, der
Vorwurf, wie schlecht »ihr anderen« seid, wie weit weg
vom richtigen Glauben, dann wächst die Notwendigkeit,

sich dagegen zu wehren. Es ist die Notwendigkeit, Heilige wieder als Weggefährten und Weggefährtinnen für den eigenen Glauben zu entdecken, mit ihren Höhen und Tiefen, mit all ihrem Hin- und Hergerissensein, in ihrem eigenen Weg mit ihrem und unserem Gott. Das sind eben nicht die blutleeren, fleischlosen und blassen Gestalten, irgendwo fern über dem normalen Leben und nie von ihm angekränkelt.

Was aber auf der anderen Seite einmal mehr deutlich wird in dieser Episode, auch wenn sie nicht einfach in eine Erfolgsstory umzuschmieden ist: Antonius setzt sich im Namen des befreienden Gottes wirklich für die Gefangenen, für die Ausgebeuteten, für die Bedrohten ein. Das gilt es auf jeden Fall festzuhalten. Denn die historische Tatsache, daß sich Antonius vor diesen Diktator gewagt hat und damit seinen eigenen Kopf aufs Spiel gesetzt hat, bleibt ja unbestritten und ist an sich schon aufregend genug. Antonius geht nicht die Wege des geringsten Widerstandes, sondern langt zu – auch auf die Gefahr hin, daß es ihm selbst an den Kragen geht, auch auf die Gefahr hin, daß er scheitert in seinem Vorhaben. Gerade das aber macht ihn »menschlicher«, zeigt ihn uns in einem klareren Bild und kann deshalb anspornend sein. Sieger, die andauernd nur siegen, sind auf die Dauer nicht nur ermüdend und langweilig, sie sind auch abstoßend, weil sie so wenig mit unserer eigenen Erfahrung zu tun haben – und das ist normalerweise nicht die Erfahrung des fortwährenden Sieges, des ununterbrochenen Erfolges.

Was wir auch erkennen können: Die Zeit, in der Antonius unterwegs ist, ähnelt der unsrigen bei all den vielen Unterschieden in manchen leidigen Punkten doch sehr. Und schließlich wird es nicht zu schwer sein, sich vorzustellen, daß auch ein Heiliger angesichts all der Zustände in der Gesellschaft, bei all den ungeklärten und strittigen Fragen »daheim« im Orden von Resignation und einigen Zweifeln befallen sein kann. Was wir von Antonius' Verhalten wissen, läßt diesen Schluß zumindest zu. Er zieht sich in die Einsamkeit zurück und dreht den Problemen erst einmal seinen breiten Rücken zu.

Der Schlußspurt in seinem Leben, der jetzt langsam einsetzt, so hat es in diesem Augenblick den Anschein, ist nicht gerade nur die Zeit, um die große Lebensernte einzufahren und einen Lorbeerkranz nach dem anderen zu sammeln. Doch auch wenn wir Antonius in der vorläufigen und kurzfristigen Versenkung verschwinden sehen – er wird wieder auftauchen und zurückkehren, »auf die Plätze von Padua« sozusagen.

Die Predigten

Geht es um die Predigten des Antonius, dann stehen wir wirklich vor einer zentralen Frage bezüglich seines apostolischen Wirkens. Immerhin predigt einer wie Antonius nicht einfach so vor sich hin, sondern er offenbart in der Predigt, in jeder Predigt, selbstverständlich auch ein Stück seiner Person, seiner ganz eigenen Art zu glauben und seiner Weise, von diesem Glauben zu reden. Gottesbilder, aber auch Menschenbilder, werden sichtbar und deutlicher. Auch wenn vielleicht eine etwas fremde Art zu sprechen, sich biblischer Bilder zu bedienen uns den Zugang auf Anhieb erschwert, so verbirgt sich doch ganz Zentrales, ganz Wesentliches in solchen Predigten. Antonius »lebt« ja, zumindest in seiner Zeit als Wanderprediger und theologischer Lehrer für die Mitbrüder, von seinen Predigten: Sie sind es, die ihm schon zu Lebzeiten einen gewaltigen Ruf eintragen (und nicht in erster Linie die vielen echten, halbechten oder gar legendarischen Wunder, die sich um ihn ranken werden).

Was die ganze Sache zusätzlich erschwert: Wir haben kein einziges Wort von Antonius überliefert, das er selbst geschrieben hat, kein einziges »Autograph«, das heißt, es gibt kein Blatt Papier oder Pergament, kein einziges Notizbuch, das Antonius mit eigener Hand beschrieben hat. Und natürlich fehlen Tonbandaufzeichnungen, fehlen Videomitschnitte von Predigten, an denen man ersehen könnte, wie Antonius mit Sprache und Körper gepredigt hat, wie die Hörer reagiert haben, sich haben treffen lassen. Fehlanzeige allenthalben. Deshalb müssen wir uns vieles auf Umwegen erschließen und mutmaßen, wie es vielleicht gewesen sein könnte. Aber dabei besteht natürlich die Gefahr, daß wir eher unserem Wunschdenken erliegen und nicht so sehr die spärlichen Fakten zum Zuge kommen lassen, die wir dann doch haben.

Was feststeht, ist dies: Antonius bekommt von Franziskus den Auftrag, den Mitbrüdern das grundlegende theologische Handwerkszeug zu vermitteln. Dies wird er wohl – so mutmaßt P. Lothar Hardick – in Form von Vorlesungen getan haben. Der kurze und schon zweimal zitierte Brief des Franziskus an Antonius legt solche Vermutungen nahe. Seine Mitbrüder werden es wohl auch gewesen sein, die ihn, so Antonius selbst (mit all den Vorbehalten, die dabei in Anschlag zu bringen sind – jedenfalls berichten es Schreiber oder Sekretäre aus dem Munde des Antonius), dazu gedrängt haben, eine Art Handreichung für die Prediger im Orden zu entwerfen, sie schreiben und vervielfältigen zu lassen. Wir müssen uns das wohl eher als eine Art großes Diktat vorstellen: Antonius an seinem »Schreibtisch« (an dem er endlich Ordnung herstellen will), vor sich alle möglichen Notizen und Aufzeichnungen (immerhin hat er ja eine sehr solide theologische und bibeltheologische Ausbildung vor seiner Zeit als Franziskaner bei den Augustiner-Chorherren genießen können) und wohl auch den einen oder anderen handgeschriebenen Folianten (Buchdruck gibt es ja noch lange nicht) als Quellenmaterial. Und Antonius diktiert. Die Schreiberbrüder schreiben eifrig mit, kopieren, vervielfältigen (alles per Hand!). Antonius schreibt oder diktiert aber nicht Predigten, wie er sie wirklich gehalten hat. Er entwickelt vielmehr eine Art Materialsammlung für die Prediger im Orden (und kommt damit auch so dem Auftrag des Franziskus nach, die Brüder für ihre praktische Arbeit zu unterweisen und ihnen praktisches Rüstzeug an die Hand zu geben). »Schreibtischarbeit«, so würden wir wohl heute dazu sagen, hat Antonius also auch noch am Hals. Sein Arbeitspensum dürfte recht umfangreich gewesen sein. Auch das ein Stoff, aus dem man gut Legenden (oder gar bedrohliche Vorbilder) schneidern kann.

Zwischen 1227 und 1231 entstehen so zwei »Predigtreihen« – eine auf Veranlassung der Mitbrüder und eine zweite auf Anfrage des Bischofs von Ostia, Rainaldo (er wird später als Papst Alexander IV. in die Kirchengeschichte eingehen).

Die erste Reihe, die Antonius auf Drängen seiner Mitbrüder wohl schon ab 1227 in den stilleren Zeiten, den »Zwischenzeiten« zwischen seinen Predigt-Touren, in Padua verfertigt, wird voll ausgearbeitet. Diese »Sermones dominicales« (»Sonntagspredigten«) geben einen Leitfaden für den Prediger für die jeweiligen Sonntage im Kirchenjahr ab. Aber Antonius schießt da auch ein wenig über das Ziel hinaus und behandelt nicht nur die Sonntagslesungen, sondern gibt seinen Brüdern auch Tips für eine Reihe von Marienfesten (um genau zu sein: »Mariä Geburt«, »Mariä Verkündigung«, »Reinigung Mariens« und »Aufnahme Mariens in den Himmel«).

Man darf dabei wohl auch davon ausgehen, daß in dieser Handreichung für die Brüder eine ganze Reihe von Predigtthemen auftauchen, die Antonius für seine eigenen Predigten erarbeitet hat. Aber, wie gesagt, wir finden in diesen Texten keine einzige Ansprache wieder, die Antonius Wort für Wort auch so selbst gehalten hat. Aber immerhin: Antonius kann diesen Zyklus selbst noch so vollenden, wie er ihn geplant hat und ihn mit einer Reihe von praktischen Tips für die Prediger selber versehen. Es kommt dabei also eine Art Handbuch heraus, das sozusagen in das Bücherregal des franziskanischen Predigers der damaligen Zeit gehört.

Ein wenig anders verhält es sich mit dem zweiten Zyklus von Predigten, den Antonius kurz vor seinem Tod in Padua in Angriff nimmt. Die »Legenda assidua« weiß dazu folgendes zu berichten:

»Als Antonius durch Gottes Willen Padua erreicht hatte, predigte er nur selten, denn den ganzen Winter über gab er sich den Studien hin und auf Bitte des Bischofs von Ostia widmete er sich der Niederschrift von Predigten für die Heiligenfeste, die das Jahr über gefeiert werden. Während der Diener Gottes (Antonius) *zugunsten der Nächsten beschäftigt war, näherte sich die Fastenzeit. Als er sah, daß die Gelegenheit günstig war und die Tage des Heils bevorstanden* (die Fasten- und die Osterzeit also), *widmete er sich ganz der Predigt.«*

Diese letzten Predigten in der Fastenzeit 1231 werden uns noch eigens beschäftigen, aber soviel sei gesagt: Sie unterbrechen die Arbeit des Antonius an seiner Zusammenstellung der Reihe der Festpredigten – und sie unterbrechen sie für immer. Er erreicht mit seinem Projekt gerade noch den Gedächtnistag des heiligen Paulus (nach dem damaligen liturgischen Kalender ist das der 30. Juli eines jeweiligen liturgischen Jahres, also etwas mehr als die Hälfte); kurz nach der Fastenzeit 1231 wird Antonius sterben.

Was wir noch einigermaßen sicher wissen: Antonius hat sich in den Pausen zwischen seinen Predigt- und Visitationsreisen bei der Bearbeitung seiner beiden Predigtzyklen in dem kleinen Franziskanerkloster Santa Maria in Padua aufgehalten. Heute steht an dieser Stelle die große Basilika, deren Bau ein Jahr nach dem Tod des Antonius zu dessen Ehren begonnen wird.

Es nimmt nicht wunder, daß diese Arbeit an den Predigtvorlagen, die ja nur einen Teil des Terminkalenders, der Arbeitszeit des Antonius beanspruchen konnte neben den vielen anderen Dingen, die auf den Schreibtisch »flattern«, neben den Begegnungen mit Menschen und anderem mehr die Bewunderer des Heiligen zu wahren Begeisterungsstürmen hinreißt. Stellvertretend dafür nur eine Stimme: »Er (Antonius) war wahrhaftig ein begeisterter Diener des Wortes Gottes. Papst Gregor IX., der große Freund und Bewunderer des heiligen Antonius, tat den Ausspruch: ›Sollten die Bücher der Heiligen Schrift verlorengehen, so könnte Bruder Antonius sie aufs neue niederschreiben‹; so treu war sein Gedächtnis und so umfassend seine Kenntnis der Heiligen Schrift.«

So urteilt – und das mit vielen anderen – P. Vergilio Gamboso. Aber es gibt auch andere Stimmen. Sie melden erhebliche Zweifel an, ob man aus dem schmalen Werk, das uns Antonius indirekt (also über Schreiber und Hörer) hinterlassen hat, wirklich eine so einmalige Bibelkennergestalt herausfiltern kann. Jacques Toussaert zieht schon 1967 einen etwas anderslautenden Schluß: »Die kritische Arbeit (an den Schriften des Antonius) ist noch voll und ganz zu leisten.« – Damit sagt er, was wir eingangs erwähnt haben: Auf sicherem Grund bewegen wir uns nirgends. Es gibt keinen einzigen von Antonius direkt autorisierten Satz. Es gibt manches, was relativ sicher von ihm stammt (aber von anderen aufgeschrieben wird), und vieles, was nur unter seinem Namen läuft.

Antonius war in der Art, wie er die Bibel für seine Predigten und für seine Handreichungen auslegte, sicher kein Neuerer. Antonius ist kein theologischer Bahnbrecher, aber er zeichnet mit den Hilfen, die ihm seine Epoche gibt, ein lebendiges Zeugnis für die Schriftauslegung seiner Zeit. Die wirklichen Bahnbrecher in der Theologie und der Bibelauslegung werden ein paar Jahrzehnte später zwei andere Bettelbrüder sein: Thomas von Aquin (ein Dominikaner) und sein Zeitgenosse Bonaventura. Letzterer ist Franziskaner und – anders als Thomas von Aquin – gerade heute neu zu entdecken. Bonaventura, der für eine »emotionalere«, affektivere Theologie steht im Vergleich zum sehr lückenlos und logisch argumentierenden Thomas (beide mögen mir die grob vereinfachenden Etiketten verzeihen – ich weiß, sie werden ihnen nicht gerecht), stand und steht bis heute etwas im Schatten des Dominikaners, dessen Rolle in der Theologiegeschichte so wuchtig ist, daß anderen fast nur Statistenrollen übrigbleiben.

Eine letzte große Anstrengung

»Er (Antonius) *wurde von solch brennendem Wunsch nach dem Predigen ergriffen, daß er sich vornahm, vierzig Tage ununterbrochen zu predigen, was er wirklich tat. Es mag verwundern, daß er – gequält von einer gewissen natürlichen Beleibtheit und darüber hinaus durch ständige Krankheit gepeinigt – trotzdem aufgrund seines unermüdlichen Seeleneifers auf dem Predigen, der Unterweisung und dem Hören der Beichte beharrte, die bis zum Sonnenuntergang andauerten – und dies oft mit nüchternem Magen.«*

So leitet die »Legenda assidua« den Bericht ein, der die letzte und höchst aktive Phase im Leben des Antonius widerspiegelt. Aus seiner »Schreibtischarbeit« heraus – er will ja den Zyklus der Festtagspredigten zusammenstellen und vollenden – begibt sich Antonius in der nun näherrückenden Fastenzeit 1231 noch einmal mitten ins Getümmel »seiner« Stadt. Was er vorhat, ist tatsächlich neu und nie vorher versucht worden: die vierzig Tage der Fastenzeit durchgängig predigen, über Stunden (mit 15-Minuten-Predigten ist es damals nicht getan), jeden Tag in einer anderen Kirche Paduas, und jeden Tag im Anschluß an die Predigt wiederum stundenlang mit einem Team von Mitbrüdern Beichte hören. Antonius war ziemlich sicher einer der ersten, der sich ein derartiges Mammutprogramm auferlegte und es auch durchzog (später sind derartige Predigtreihen geradezu zum Kennzeichen für franziskanische Wanderprediger und Gemeindemissionare geworden).

Gepredigt wird in der Volkssprache. Dazu eine Anmerkung: Es ist ein wichtiges Verdienst der Bettelorden (also der Franziskaner, Dominikaner und anderer, die in dieser Zeit entstehen), daß sie für ihre Bußpredigten, Admonitionen und Exhortationen (beides bedeutet in etwa »Ermahnungen«, sind Spielarten der Bußpredigt) wieder die Volkssprache verwenden. Allein damit kann man die

Menschen erreichen, wenn man sie bewegen, bestärken und aufklären will. Kirchliches Latein, die Sprache der römischen Liturgie, ist natürlich auch damals schon für die meisten unverständlich. So wird man in dieser Entwicklung auch eine »kirchliche« Antwort sehen dürfen auf die Herausforderungen, die Zeichen der damaligen Zeit, als viele der dann häretisch werdenden Laien- und Armutsgruppen und -bewegungen anfangen, die jeweilige Volkssprache für ihre Verkündigung außerhalb der Kirchen und der Gottesdienste zu benutzen. Der Vorteil davon liegt auf der Hand: direkter Zugang zur Lebens- und Sprachwelt der Menschen.

Doch zurück zu Antonius: Die ganze Aktion in Padua will vorbereitet werden, soll sie denn aus einem Guß sein und auf ein zentrales Thema hinwirken. Mit anderen Worten: Die Predigtlust beschert Antonius von Padua zunächst einmal einen riesigen Haufen Arbeit. Und die ist ganz unmittelbar zu erledigen. Der allergesündeste, der allerrobusteste ist unser Freund Antonius ja auch nicht mehr. Das wird Folgen haben – und zwar in vielfacher Hinsicht.

Eines scheint sich abzuzeichnen hinter diesem Predigtmarathon: Antonius, immerhin ja schon seit Jahren immer wieder in Padua, vor allen zu schöpferischen Pausen zwischen seinen Touren, wird mit seinen Fastenpredigten zu einem festen Bestandteil der Paduaner Geschichte. Er wird »Antonius von Padua«, untrennbar verbunden mit dieser Stadt und ihren Bewohnern.

Diese Großanstrengung (sie beginnt am 5. Februar 1231 und endet am 23. April) setzt Zeichen, gräbt tiefe Spuren in die Zeitgeschichte der Stadt. Der Endspurt im Leben des Antonius wird zu einem ungeahnten Erfolg. Von Anfang an strömen die Menschen herbei, um diesen Antonius predigen zu hören. Dies ist, so scheint es, zunächst um so erstaunlicher, als Antonius nicht nur den »frommen Alleinunterhalter« mimt, sondern in seinen Predigten durchaus sehr konkret die Lage der Stadt und ihrer Bürger beschreibt und kritisiert. Ein bloßer Rattenfänger, rhetorisch begabt, aber inhaltlich auf Abwegen der Anbiederung, ist Antonius bei diesen Predigten sicherlich nicht. Und da mag es schon verwundern, daß die, die ihn hören wollen – Männer, aber immer mehr auch Frauen –, nicht nur nicht ausbleiben, sondern sogar in immer größerer Zahl zu Antonius strömen und seinen Worten lauschen.

Die Kirchen, die sich Antonius für seine Zwecke der Reihe nach in Padua ausgesucht hat, werden schon bald die Zahl der Hörer nicht mehr fassen können. Und so bleibt Antonius nichts anderes übrig, als auf die Plätze der Stadt auszuweichen und dort unter freiem Himmel zu predigen (dabei müssen wir uns, nebenbei bemerkt, vor Augen halten, daß ihn es keine tragbaren Mikrophone und Lautsprecher gibt!). Ganz alte Legenden schätzen (und das nicht sehr vorsichtig), daß an manchen Tagen bis zu 30 000 Menschen hören wollen. Das klingt nun wirklich reichlich überzogen und übertrieben (Padua hat ja selbst gerade mal die Hälfte dieser Zahl als Einwohner), aber es gibt doch Aufschluß darüber, daß da wirklich etwas »los« ist, das gesamte Leben der Stadt durcheinandergeraten ist. Auch wenn nur ein Zehntel bei den einzelnen Predigten auf den Beinen gewesen sein sollte – die Paduaner sind innerlich und äußerlich in Bewegung.

»Um sich einen guten Platz zu sichern, versammelten sich viele Leute schon in der Nachtzeit am Predigtplatz. Wer sich nur freimachen konnte, kam zur Predigt: Alte und Junge, Männer und Frauen, sogar Soldaten. Es muß wie eine Wallfahrt zu einem Heiligtum gewirkt haben, wenn die maßgebenden, hoch angesehenen Personen der Stadt auf dem Predigtplatz erschienen: der Bischof an der Spitze, gefolgt vom Diözesanklerus, danach die Minderbrüder und die Mitglieder der anderen Orden, die Professoren und Studenten. Auch die Adeligen kamen, ebenso die Handwerker und Kaufleute. Während der Zeit der Predigt herrschte Sonntagsruhe in der Stadt. Die Geschäfte wurden geschlossen, und die Händler auf dem Markt, für die der Zustrom der Massen manche Einnahme brachte, verließen die Verkaufsstände.«

So versucht Lothar Hardick sich ein Bild zu machen von

dem Treiben, das durch die Predigten des Antonius in Padua ausgelöst wird und in manchem einem religiösen Aufruhr gleicht. Zudem hat es den Anschein, daß in dieser außergewöhnlichen Zeit in den Paduanern Dinge vor sich gegangen sind, die man mit Fug und Recht als »nicht normal« bezeichnen müßte. Da sind Leute, die unbedingt eine »Reliquie« von diesem umwerfenden Prediger schon zu dessen Lebzeiten ergattern wollen – und es dürfte ihnen kaum entgangen sein, daß Antonius nicht mehr den gesündesten Eindruck macht. So gehen sie dem Prediger im wahrsten Sinn des Wortes an die Kleider, schneiden sich Stücke aus der Kutte, um sie wie Siegestrophäen zu sammeln und sich »ein Stück vom Heiligen« (der er offiziell ja noch gar nicht ist und sein kann) abzuschneiden.

Zwar braucht Antonius dann so etwas wie eine Leibgarde, die ihn unversehrt zu seinen Predigtplätzen bringt, aber die Paduaner und Paduanerinnen schneiden sich, so scheint es, nicht nur auf diese unmittelbare Art und Weise ein paar Scheibchen ab: Padua ergreift in diesen Wochen eine mächtige Welle der Bekehrung (Antonius ist da sicher der Auslöser mit seinen Predigten, aber kaum der einzige Grund, vielmehr spielen eine Menge an Faktoren eine Rolle – doch unter dem Begriff »Zufall« lassen die sich kaum verrechnen). Padua erlebt in diesen Wochen eine Art »Ansteckung durch das und zum Guten«, eine Art »heiligen Rausch«, der die Stadt und ihre Bewohner bis in die tiefste Mitte trifft und erschüttert. Anders kann man es kaum sagen. Es bleibt aber nicht bei privaten Ergriffenheiten. Das alles hat Konsequenzen – bis in den tagespolitischen und gesellschaftlichen Bereich hinein. Die Umkehr- und Bußpredigten, die Antonius in Padua hält, führen nicht nur sehr viele Menschen zurück zum Sakrament der Beichte, sondern sie veranlassen sie auch, konkrete und praktische Handlungsschritte zu unternehmen. »Gefangene werden frei, Trauernden wird Trost und Kranken Heil« – so darf man das fast mit den Worten des Propheten Jesaja sagen.

Die Frage, wie man sich darauf einen Reim machen soll, liegt dementsprechend nahe, ist aber auch sehr schwer zu beantworten. Sicher werden wir sagen dürfen, daß wir mit Antonius einen im Blickfeld haben, der die Sprache der Leute spricht, der die Probleme der Leute kennt, der den Ton trifft, der plötzlich ganz andere Saiten bei den Paduanern zum Schwingen bringt. Das ist sicherlich das eine. Dazu gehört aber auch die große religiöse Sehnsucht der Menschen, die sich in dieser Zeit in sehr vielen und oft verqueren, manchmal gut gemeinten Formen ihren Weg sucht. Die Zeit ist aufgewühlt und beängstigend, vieles scheint in rasanter Veränderung. Da ist die Suche nach Fixpunkten, nach Orientierungslinien doppelt drängend und wichtig – ein Gefühl, das vielen von uns heute so fremd auch nicht sein wird.

All diese Faktoren spielen also zusammen – und sie finden in Antonius ein Sprachrohr, das die richtige Tonart findet, und in der Stadt Padua einen Resonanzkörper, wie ihn sich ein Prediger kaum geeigneter vorstellen kann.

Antonius – der »Gesetzgeber«?

Der Wunschtraum eines jeden Predigers, einer jeden Predigerin mag das ja sein: Man besteigt die Kanzel (bildlich gesprochen), redet, erklärt – und plötzlich ändert sich die Welt. Die Wucht der Worte, die Kraft der Stimme – und plötzlich bricht das Paradies an! Mitten in der Normalzeit wird ein Zipfel vom Himmel greifbar, spürbar. Wunschträume dieser Art schießen schnell ins Kraut. Doch die Realität sieht meist anders und vor allem bescheidener aus. Und jetzt diese Überschrift: Antonius – der »Gesetzgeber«?

Nun, Antonius war nie Bürgermeister, Ratsherr, Parlamentarier oder sonstwie administrativ tätig. Doch diese Fastenzeit 1231 erlebt ihn im wahrsten und ursprünglichsten Sinne des Wortes als »Parlamentarier« (das Wort stammt ja aus dem Lateinischen: von »parlare«, was nicht mehr und nicht weniger bedeutet als »reden«, »sprechen«): Antonius befindet sich auf seiner Predigttournee durch die Kirchen, dann auf den Plätzen Paduas. Was Antonius im einzelnen sagt, läßt sich nicht so leicht oder gar nicht rekonstruieren, aber wenn wir in Anschlag bringen, daß es sich um eine Reihe von Fastenpredigten handelt, dann wird wohl das Thema »Umkehr« eine ganz entscheidende Rolle gespielt haben. Und damit ist nun beileibe nicht nur eine Umkehr angezielt, die sich »fromm und fröhlich« allein im allerinnersten Herzkämmerchen der einzelnen abspielt. Nein, die Predigten des Antonius treffen mit ihren Mahnungen auch mitten in die gesellschaftliche und politische Lebensgestaltung der Paduaner hinein! Das hat »gesetzgeberische« Folgen! Nicht, daß Antonius selbst ein Gesetz verabschieden oder auch nur einbringen könnte in den Rat der Stadt. Aber dieser Rat ist, wie alle während dieser eigenartigen vierzig Tage, mitgerissen von der Botschaft, die Antonius auszurichten weiß, und verabschiedet und beschließt das folgende Gesetz:

»Auf Bitten des ehrwürdigen Bruders, des heiligmäßigen

Antonius, des Beichtvaters aus dem Orden der Minder-
brüder, darf künftig kein Schuldner oder Bürge persönlich
seiner Freiheit beraubt werden, wenn er zahlungsunfähig
ist. Haften kann er in einem solchen Fall mit seinem Besitz,
aber nicht mit seiner Person und Freiheit!«

Bei diesem Gesetz dürfte es sich wirklich um einen der
sehr seltenen Fälle handeln, in dem einer ohne Parteibuch,
ohne politische Lobby, sondern allein aufgrund seiner
persönlichen und geistlichen Autorität eingreift in die Ab-
läufe der Gesetzgebung, der Politik einer Stadt, einer Region.

Wenn wir uns vor Augen halten, was hinter dem Gesetz
steht, was für Zustände geherrscht haben mögen, bevor
dieses Gesetz ändernd eingegriffen hat, dann offenbart
sich eine durchaus menschenunfreundliche Situation: In
Padua, wie in vielen anderen Städten des industriellen und
wirtschaftlichen »Vorreiterlandes« Italien (das ja als »Italien« in dieser Zeit noch gar nicht existiert), haftet jeder für
seine finanziellen Gebaren eben nicht nur mit seinem Ver-
mögen, sondern mit seiner persönlichen Freiheit und Un-
versehrtheit. Im Klartext heißt das: Wer nicht zurückzahlen will oder zahlen kann, der wandert ins Gefängnis –
und das meist lebenslang. Da wird nicht viel Aufhebens
gemacht. Ein derartiges Vorgehen trifft natürlich vor allem die »kleinen Häuslebauer« und die, die mit Mühe und
Not ihr Leben am Existenzminimum fristen. Die sind es ja
dann immer auch, und das hat sich bis heute kaum geändert, die am verwundbarsten sind: Man kratzt alles zusammen, vielleicht um sich ein kleines Haus zu bauen, dann
wird der Verdiener krank (zum Beispiel), plötzlich ist kein
Geld mehr da, die Rechnungen flattern aber weiterhin
munter ins Haus – »ab ins Gefängnis« heißt dann die Pa-
role in der Zeit vor diesem Gesetz. Und das nicht nur in
Padua! Da ist rein gar nichts, was einen Sturz in die Tiefe
abfedert. Und so entsteht in dieser Zeit in den Städten Ita-
liens tatsächlich so etwas wie ein »städtisches Proletariat«.
Habenichtse ohne Perspektive. Und mit ihnen entsteht
Zündstoff. Und irgendwann entlädt sich dann das Ganze.
Daß derartige Entwicklungen für ein friedliches Mitein-

ander der verschiedenen Gruppen in einer Stadt nicht förderlich sind, liegt unmittelbar auf der Hand. Da kommt es dann zu den großen Klüften zwischen den Mächtigen und Reichen (die nicht so leicht in Bedrängnis zu bringen sind, was das Geld angeht) und denen, die fortwährend den kürzeren ziehen. Auf der einen Seite die »*maiores*«, die einflußreichen »Großen«, auf der anderen Seite die »*minores*«, die kleinen und zu kurz gekommenen Leute. – Wenn Franziskus seine Bruderschaft »fratres minores« nennt, also die »kleineren Brüder«, dann weiß man auch sofort, für wen er Partei ergreift, wo seine Option liegt. Und daß Antonius fest in dieser Tradition steht, daß ihm Ähnliches ein Anliegen ist, beweist dann auch dieser letzte große Predigteinsatz in Padua, beweisen die konkreten Früchte, die dieser Einsatz trägt.

Ein besonderes Problem für die Zeit des Antonius stellt dabei das Unwesen der Geldleiher und der neu entstehenden Banken dar. Lothar Hardick schildert das so: »Geschäftstüchtige Leute sahen ihre Chance in dem wachsenden Geldbedarf weiter Kreise und eröffneten Leihbanken, die aber durch Wucherzinsen zur Verschuldung vieler Menschen führten und diese in hoffnungsloses Elend stürzten. Denn wer geliehenes Geld nicht samt der hohen Zinsen zurückzahlen konnte, oder wer sich für einen solchen Zahlungsunfähigen verbürgt hatte, wurde auf Betreiben der Geldmagnaten eingekerkert, so wie wir es aus Jesu Gleichnis vom unbarmherzigen Gläubiger kennen (vgl. Mt 18,23–35).«

Und genau an diesem Punkt greift Antonius ein. Seine Predigten, seine mahnenden Worte gegen diese menschenverachtenden Zustände treffen auf offene Ohren – und das ist wahrlich kein Wunder, weil durch die Notlage der Menschen gut erklärlich. Die sind natürlich ganz offen für ein Hoffnung stiftendes Wort. So könnte man meinen. Aber mir scheint, daß sich da doch ein Wunder abspielt. Von aufrichtigen und wohlmeinenden Leuten werden an vielen Orten gute und richtige Dinge gesagt, aber daß dies dann auch konkrete Folgen zeitigt, das ist so selbstverständlich nicht und eigentlich wunderbarer als viele der

Legenden, die sich ansonsten um die Heiligen, in unserem Fall um Antonius, ranken. Lebensnäher jedenfalls ist das allemal.

Vielleicht werden manche an dieser Stelle die »frommeren« Themen vermissen, zu denen Antonius im Laufe der vielen Stunden seiner Fastenpredigten in Padua sicherlich auch gesprochen hat. Nicht daß sie nicht auch der Rede wert wären, doch zum einen wissen wir eben nur sehr ungenau, was Antonius zur Vorbereitung auf Ostern noch so alles gesagt hat, und zum anderen ist natürlich ein solch konkretes Ergebnis derart bestimmend und wichtig, daß man sich so manche »Predigtkapriolen«, die dann doch nur Wort bleiben, gut sparen kann. Das, was im Leben der einzelnen, in ihrem Glauben, in ihren Fragen hilfreich und fruchtbar wird, ist ja auch etwas Handgreifliches. Wenn sich Lebensumstände – innere Nöte und Zweifel, aber eben auch politisch-gesellschaftliche Konturen – ändern, dann wird daran immer auch die befreiende, erlösende, entkrampfende Spur Gottes in den unterschiedlichsten Situationen von Leben erfahrbar. Und darum geht es Antonius – und nicht nur ihm.

Wenn wir uns die »Legenda assidua« vor Augen führen (mit einem uns schon bekannten Text), dann wird klar, daß wir mit den Berichten über dieses Gesetz »mittendrin« sind. Da hören wir die Herztöne einer Botschaft, die faßbar wird. Da wird Glaube massiv und konkret, spürbar und befreiend:

»Antonius stellte den brüderlichen Frieden bei Unstimmigkeiten wieder her; er gab Gefangenen ihre Freiheit wieder; er ließ zurückerstatten, was mit Gewalt und Wucher entwendet worden war: es kam soweit, daß man Häuser und Land mit Schulden belastete und den Erlös dem Heiligen zu Füßen legte; auf seinen Rat hin wurde geraubtes Gut, ob auf gütlichem oder gewaltsamem Weg entwendet, den Bestohlenen zurückerstattet. Er befreite Dirnen aus ihrem schändlichen Geschäft, und Diebe, die ob ihrer Missetaten berühmt waren, bewahrte er davor, ihre Finger an anderer Leute Sachen zu versuchen. Nachdem glücklich vierzig Tage vergangen waren, hatte er auf

diese Weise und dank seines Eifers eine dem Herrn wohl-
gefällige Ernte eingefahren.«
Nein, dieser Antonius ist kein weltfremder »Oberheili-
ger«, der so rein gar nichts mit dem »Gewürge« des normalen Alltags zu tun hat. Gerade in den mischt er sich ein.
Gerade den versucht er zu verändern. Andere, ganz andere Gesetze sollen zum Zuge kommen. Dafür steht Antonius gerade und glaubt an einen Gott, der eben genau
dafür steht.

Ruhige Tage in Camposampiero?

Nach dem Mammutprogramm der Fastenpredigten von Februar bis April 1231 wird ein erschöpfter Antonius, der in seinem angeschlagenen Zustand durch die Kirchen, dann über die Plätze Paduas gezogen ist, wohl ein sehr »müdes« Ostern feiern. Er bewegt sich auf seine Grenzen zu: die Grenzen seiner Kraft, seiner Belastbarkeit, die Grenzen seines Lebens.

Der unbekannte Verfasser der »Legenda assidua« weiß nun auch schon, daß er sich bald von seinem Heiligen wird trennen müssen, daß der erste Teil seiner Legende sich dem Schluß zuneigt. Er wird aber dann noch einmal kräftig Luft holen und in einem zweiten, sehr ausführlichen Teil, die eigenartigen Umstände im Umkreis des Todes von Antonius schildern, um dann in einem dritten Teil kräftig auszuholen und die Wundergeschichten aus dem Leben des Antonius für die Nachwelt aufzuheben. Doch noch sind wir nicht soweit.

Unsere Legende schaltet noch einen eigentümlichen Bericht vor ihr Ende und läßt Antonius sein eigenes Ende ganz dunkel vorhersagen:

»Antonius, glorreicher Bekenner Gottes, wußte lange im voraus, wann der Tod ihn ereilen würde. Aber um den Brüdern keinen großen Schmerz zuzufügen, suchte er durch behutsame Verstellung das nahe Ende zu verheimlichen. Etwa fünfzehn Tage, bevor er die Schulden des Fleisches bezahlen sollte, als er die liebliche Ebene Paduas von der Höhe eines Hügels aus betrachtete, lobpries er frohlockenden Herzens die Lage der Stadt. Er wandte sich einem Bruder zu, der ihn auf der Reise begleitete und prophezeite, daß dieser Stadt binnen kurzem eine große Ehre zuteil werde. Er gab jedoch nicht zu verstehen, um welche Ehre es sich handele und von wem sie ihr erteilt werde. Wir glauben mit Sicherheit sagen zu können, daß die Ehren der Stadt Padua nichts anderes als die Verdienste der Heiligkeit des Antonius waren, um derentwillen sie in Kürze

berühmt werden sollte. Und schon sehen wir sie mit wunderbarem wie auch ungewöhnlichem Lob gepriesen.«
Der Siegeskranz wird gewunden, das Tränentuch gezückt. Wir spüren förmlich, wie schwer unserem Schreiber der Abschied fällt. Und mit der gleichen Rücksicht, mit der Antonius seinem eigenen Begleiter den nahen Bruder Tod verschleiert, führt jener uns an das Unvermeidliche heran. Deutlich im Hintergrund steht ein Motiv, das wir auch aus der Erzählart der Evangelien kennen, wenn es um die Vorhersage des Todes Jesu geht: Zwar spricht Jesus, in den Worten der Evangelisten, vom Tod, der ihn ereilen wird, aber es bleibt alles seltsam dunkel und verhangen, schwer zu begreifen, obwohl es ausgesprochen ist. Und die, die es schreiben und hören, können gar nicht umhin – nach dem wirklich eingetretenen Tod wohlgemerkt –, als derartige Äußerungen für prophetisch zu halten.
Auf der anderen Seite ist es aber wirklich nicht so verwunderlich, daß ein von Krankheiten geplagter und von kurz zurückliegenden großen Anstrengungen gezeichneter Mann, in seinem Alter und in seiner Zeit, den Tod als möglich und nahe sieht. Wie viele von uns haben ihren Tod prophezeit – und jede dieser Prophezeiungen wird wahr, früher oder später.
Aber noch sind ein paar Wochen Zeit, und die Legende weiß uns von einem nächsten und letzten Aufenthaltsort des Antonius zu berichten. Camposampiero heißt dieser Ort, knapp 20 Kilometer außerhalb Paduas gelegen, abseits des städtischen Trubels. Viel Wald ist dort und noch mehr Ruhe. Die »Legenda assidua« erklärt uns auch sogleich, warum Antonius diesen Aufenthalt wählt:
»Während sich diese Ereignisse zutrugen, näherte sich die Erntezeit. Der treue und umsichtige Gottesdiener, der sah, daß das Volk der notwendigen Erntearbeit nachgehen mußte, entschied, bis auf weiteres das Predigen zu unterbrechen. Nachdem er die Menge entlassen hatte, suchte er sich einen abseits gelegenen Ort, der sich Camposampiero nannte, denn er sehnte sich danach, dort ungestörte Einsamkeit zu finden.«
Wieder finden wir das Motiv der Rücksicht: Antonius will

die Bauern der Umgebung Paduas nicht von der nötigen Arbeit abhalten. Predigen oder Predigten hören hat seine Zeit, Arbeit die ihre. Aber Antonius nimmt auch Rücksicht auf sich selber. Er braucht seine Ruhe, er braucht eine Zeit der Stille und der Einkehr, um sich wieder zu sammeln und nach der Unterbrechung (davon redet die Legende, nicht von der endgültigen Aufgabe des Predigens) mit neuem Schwung, innerlich und äußerlich begeistert und gestärkt, weiterzumachen. Das ist ein gut franziskanisches Modell: Nach Zeiten der Aktion immer wieder Zeiten der Kontemplation, des Gebetes, des »Auftankens« bei Gott. Und der Ort ist gut gewählt, weil Antonius sich in die Obhut eines Freundes und Vertrauten der Minderbrüder begibt, Graf Tiso IV. Auf seinem Grundbesitz heißt der Adelige die Franziskaner willkommen, ja, er hat ihnen sogar eine kleine Einsiedelei mit einer Kapelle geschenkt. Gerade das richtige Terrain für Antonius, so möchte man meinen, um sich wieder zu erholen, Kraft zu schöpfen, auch wenn er die Plagen seiner Wassersucht und sich häufender Asthmaanfälle auch dort wohl kaum wird loswerden können.

Genau hier auf diesem Anwesen trägt sich eine Szene zu, die Maler aller Zeiten immer wieder fasziniert hat. Man besuche nur einmal die Basilika in Padua und betrachte das überdimensionale Gemälde Anigonis, eines zeitgenössischen italienischen Malers, über dem Ausgang. Aber hören wir zunächst nochmals der »Legenda assidua« zu:

»*Überaus glücklich über die Ankunft des Antonius bot ein Edelmann namens Tiso dem Gottesdiener ergebenst seine Gefälligkeit an: auch die Einsiedelei der Brüder unterlag seiner Herrschaft. Dieser Adelige besaß, nicht weit von der Wohnstätte der Brüder entfernt, einen dichten Wald, wo zwischen den anderen Bäumen ein kräftiger Nußbaum gewachsen war, von dessen Stamm aus sechs Äste sich in die Höhe streckten und so eine Art Krone aus Zweigen bildeten. Der Gottesmann, der eines Tages dessen Schönheit bewundert hatte, beschloß sogleich auf Weisung des Heiligen Geistes, sich auf dem Nußbaum eine Zelle zu errichten, denn der Ort bot undenkbare Einsamkeit und die*

Kontemplation begünstigende Ruhe. Der Edelmann verfertigte, kaum daß er durch die Brüder von diesem Wunsch erfahren hatte und Stangen mit Ästen quer und im Quadrat verflochten hatte, mit eigenen Händen eine Zelle aus Matten. Ähnliche Zellen bereitete er auch für die beiden Begleiter, mit größter Sorgfalt fertigte er aber die obere an, die für den Heiligen bestimmt war, und stellte die anderen nach dem Wunsch der Brüder fertig, wenn auch mit weniger Sorgfalt. In dieser Zelle führte der Gottesdiener Antonius ein dem Himmel würdiges Leben, fleißig wie eine Arbeitsbiene in seiner Hingabe an die heilige Kontemplation. Dies war sein letzter Aufenthaltsort unter den Lebenden; indem er dort hinaufstieg, bezeugte er, daß er sich dem Himmel näherte.«

»Ende des ersten Teils.« – So steht es unmittelbar nach diesen Worten, nach dieser Anekdote in der »Legenda assidua«. Deutlich sichtbar sind die erbaulichen Übermalungen. Es wird noch einmal dick Farbe aufgetragen. Dabei mag das Ergreifende des Augenblicks durchaus zum Zug kommen, aber manche wirklichkeitsnahen Details verschwinden dahinter auch. Zumindest bestehen sehr berechtigte Zweifel, ob diese Hütte in dem Nußbaum je existiert hat. Man stelle sich nur einmal vor: ein schwerkranker, müder und nicht zuletzt schwerer Mann, der unmittelbar vor seinem Tod noch akrobatische Höchstleistungen vollbringt und sich bei Wind und Wetter, bei Tag und Nacht in einem Baumhaus aufhält. Viel leichter fällt es da doch (und dürfte der Wahrheit wohl angemessener sein), sich auszumalen, daß Antonius auf der Suche nach einem abgelegenen und stillen Ort im Wald des Tiso einen mächtigen Nußbaum findet, der die umgebenden Bäume (auch die wohl keine Zwerge) überragt. In dessen Schatten mag sich Antonius in den vielleicht zwei oder drei Wochen gerne aufgehalten haben. Dann mag es auch nicht verwundern, daß der Adelige Anweisung gibt, dem Kranken so eine Art kleine Hütte dicht bei seinem Lieblingsplatz aufzustellen – und noch dazu zwei weitere für die beiden Begleiter, die Brüder Lukas Belludi und Ruggero. Tagsüber werden sich dann die drei in dieser Abgeschiedenheit aufgehalten haben, abends aber und zu den Gebetszeiten werden sie sich wohl in der kleinen Einsiedelei eingefunden haben, um mit den Brüdern vor Ort zusammenzusein. Immerhin gibt uns der letzte Satz einen Anhaltspunkt dafür, warum Antonius in der Sicht des Legendenschreibers seine letzten »Turnübungen« vollbringt und sich »in« einem Baum häuslich niederläßt: »Das Hinaufsteigen in den Baum und das Verweilen in ihm in der Höhe kann auch gewiß als Symbol für die letzten Erdentage des Heiligen gesehen werden. Er beginnt hier gleichsam, sich von den Niederungen des irdischen Lebens und Treibens abzusetzen. Er strebt das Höhere, das Oben an. Aber dabei ist er getragen und umgeben von den Kräften der von Gott geschaffenen Natur und von ihrem lebendigen Reichtum.« So interpretiert Lothar Hardick diese eigentümliche Szene.

Ein Franziskaner, der sich mitten in der freien Natur von seinem Leben zu lösen beginnt und ein ganz neues, ganz anderes Leben vor sich hat. Lesen wir diese Geschichte so, dann behält sie oder bekommt sie wieder einmal einen ganz eigenen Stellenwert und eine ganz eigene Wahrheit.

Bruder Tod kommt entgegen

Die zuletzt beschriebenen Szenen stimmen noch. Juni 1231. Antonius befindet sich mit zwei Gefährten auf dem Anwesen des Grafen Tiso in Camposampiero. Er pendelt zwischen seinem einsamen Lieblingsplatz im Wald und der kleinen Einsiedelei der Brüder, sucht Ruhe und Erholung. Sein Zustand ist schlecht, aber so richtig todesverdächtig wird er vielleicht doch nicht gewesen sein. Hebt man etwas den Vorhang der Berichte, schaut hinter die Kulissen, dann wird Antonius wohl damit gerechnet haben, daß dieser Aufenthalt dort eine Pause ist, daß danach Neues und neue Aufgaben folgen werden.

Was dann aber tatsächlich folgt, wird schon in der »Legenda assidua« sehr breit geschildert. Und diese Schilderungen wuchern immer mehr, je mehr sie zeitlich von den Ereignissen entfernt sind – eine Erfahrung, die wir an manch anderer Stelle ebenfalls schon gemacht haben und die nun beim Tod des Heiligen wieder zu beobachten sein wird.

Eine warnende Vorbemerkung sei an dieser Stelle noch gestattet. Was sich alles um den Tod und nach dem Tod des Antonius bis hin zu seiner Bestattung und dann zu seiner Heiligsprechung abspielen wird, ist durchaus geeignet, uns in einige Verwirrung zu stürzen, soweit sich die Geschehnisse realistisch rekonstruieren lassen. Einmal mehr wird deutlich, wie sehr die Beteiligten, aber auch die Berichterstatter, Kinder ihrer Zeit sind. Doch das gilt verstärkt auch für uns ferne Zuschauer mit unserer Brille. Ein wenig »vorgewarnt« sind wir ja immerhin schon durch die Ereignisse, die sich zum Beispiel bei der Bestattung des heiligen Franziskus in Assisi abgespielt haben.

Doch der Reihe nach. Es ist Freitag, der 13. Juni 1231. Wie es in den letzten Wochen seine Gewohnheit ist, hält sich Antonius bei seinem Nußbaum in Stille und Einsamkeit auf. Keine besonderen Anzeichen. Gegen Mittag ertönt die Glocke der Einsiedelei und ruft die Brüder zum Mittagessen. Antonius macht sich auf den Weg. Das Gehen fällt ihm schwer. Ständig hat er Atembeschwerden. Dick ist er geworden wegen seiner Wassersucht. So trottet er in das kleine Klösterchen. Er setzt sich zu Tisch. Kaum sitzt er, wird ihm unwohl, sein Gesicht verliert alle Farbe. Der Kopf knickt ihm auf die Brust. Die Brüder erschrecken, sehen, daß es sehr schlecht um Antonius steht. Man kann ihn gerade noch zu einer Liege bringen, aber sein Zustand bessert sich nicht. Kein Notarzt weit und breit, kein Rettungswagen, keine Intensivstation, die angefahren werden könnte – nur ein paar eher hilflose und aufgeregte Brüder. Das weiß und sieht auch Antonius. Und so bittet er die Brüder, man möge ihn doch so schnell als irgend möglich zum Kloster der Brüder bei der Kirche Santa Maria Mater Domini in Padua bringen. Dort – in der Stadt – wird es wohl einfacher sein, Antonius mit den Mitteln der damaligen Medizin wieder auf die Beine zu helfen. Möglich auch, daß Antonius sich den Transport wünscht, um der kleinen Gemeinschaft in Camposampiero nicht zur Last zu fallen, sie nicht zu überfordern. Wahrscheinlich aber werden ihm die Brüder zu erklären versuchen, daß es ganz und gar unmöglich ist, ihn in seinem jetzigen Zustand die zwanzig Kilometer auf einem Karren durch die brüllende Mittagshitze und -schwüle nach Padua zu transportieren (wer einmal im Sommer in der Po-Ebene bei Padua war, weiß, wovon ich rede). Wirklich, es ist unverantwortlich! Antonius wird das kaum durchhalten! Trotzdem – die Brüder respektieren den Wunsch. Vielleicht klammern sie sich auch an die Hoffnung, daß Antonius in Padua wirklich besser versorgt werden könnte.

Jedenfalls macht sich kurz nach Mittag eine kleiner Zug mit einem rasch geborgten Ochsenkarren auf den Weg nach Padua. Antonius liegt auf einer bloßen Holzpritsche. Besser geht es ihm noch immer nicht. Ein paar Brüder begleiten ihn. Sie gehen entlang einer alten Römerstraße, die heute »Straße des Heiligen« genannt wird.

Was mag alles in diesen Stunden vorgegangen sein? Drückende Hitze, ein staubiger, steiniger, holpriger Weg – wahrhaft mörderisch für einen, dem es sowieso schon

mehr als nur schlecht geht! Was werden die Brüder emp-
funden haben, die Antonius auf dieser letzten Wegstrecke
begleiten? Welche Gedanken, Ängste, welche Traurigkeit?
Wie reagieren die Leute, an denen sie im Trauerzug vor-
beikommen? Und vor allem – was geht in diesem Antonius vor? Ist er ansprechbar? Reagiert er? Merkt er, daß es
jetzt unwiderruflich dem Ende entgegengeht? Wie bereitet er sich vor? Kann er das überhaupt? Oder bleibt ihm in
der Agonie, im Todeskampf, keine Kraft, keine Zeit mehr,
wenigstens ein bißchen Frieden zu finden mit sich, der
Welt, mit seinem Gott und mit Bruder Tod, der dann doch
überraschend kommt – aber der kommt immer »überraschend«.

Es bahnt sich eine Sterbestunde an, die nicht einfach schön
und sauber ein ganz und gar ruhiges und friedliches, sanft-
seliges Hinübergleiten in die besseren Regionen ist. Nein,
Antonius hat, wie so viele »Normalsterbliche«, heftig zu
leiden. Wenig bleibt ihm erspart. Sterben ist so, ist oft so –
und für ihn wird es ebenfalls hart werden. Allein dieser
Weg nach Padua!

Aber sie kommen nicht an, schaffen es nicht bis nach Padua. Wie lange sind sie jetzt schon unterwegs? Drei Stunden? Fünf? Oder gar sechs und sieben? Es dämmert. Die
Nacht bricht herein. Und noch immer sind sie nicht in der
Nähe von Santa Maria Mater Domini. Und seit dem An-
fall am Mittag hat sich das Befinden des Antonius auch
nicht gebessert. Schlimmer wird es geworden sein bei dieser Reise. Der Stadtrand kommt in Sicht. Arcella. Dort ist
bei einem Kloster der Klarissen auch eine kleine Niederlassung der Brüder. Ein Bruder kommt dem Zug entgegen,
sieht den erbärmlichen Zustand des Antonius und rät,
man solle doch hier unterbrechen und ein Nachtlager für
den Todkranken aufschlagen.

Das klingt vernünftig, und die Quellen berichten, daß Antonius mit diesem Vorschlag einverstanden gewesen sei
(zumindest jetzt ist er wieder ansprechbar und reagiert),
aber so mancher Interpret der Zeugen mutmaßt schon an
dieser Stelle, daß auch noch ganz andere Beweggründe für
diesen Stopp in Betracht zu ziehen sein werden. Ganz und

gar »unheilige« – für unsere Begriffe wenigstens. Geht es darum, daß man Antonius, außerhalb der Stadt, dem Zugriff anderer Parteien entzogen, in Arcella sterben lassen will, um nicht zu riskieren, daß die Reliquien des »zukünftigen Heiligen« der eigenen Kontrolle entgleiten? Denkbar ist das wohl, und die Ereignisse in den nächsten Tagen in Padua geben solchen Vermutungen durchaus Nahrung. Man braucht nur an die Krawalle zu denken, die es ein paar Jahre zuvor nach dem Tod des Franziskus in Assisi und Umgebung gegeben hat und die sich bei der Überführung seines Leichnams vier Jahre nach dessen Tod wiederholen (wohlgemerkt, letzteres liegt jetzt gerade einmal ein Jahr zurück). Sicherlich ist bald die ganze Gegend alarmiert, denn wenn ein derart bekannter und geliebter Mann wie Antonius auf einem offenen Wagen sterbend durch die Gegend gefahren wird, dann läßt sich das kaum verheimlichen.

Antonius jedenfalls ist einverstanden mit dem Halt, läßt aber zugleich »Zeichen großer Beklemmung« erkennen – so die »Legenda assidua«. Hinter diesem Wort versteckt sich viel, auch wenn die Legende nicht weiter darauf eingeht und weiterhin fleißig Heiligenbildchen konstruiert. Antonius steckt im Todeskampf, er hängt noch an seinem Leben. So glatt und einfach geht Sterben auch für ihn nicht. Aber wenigstens liegt er jetzt ruhiger, dort in seiner Sterbezelle in Arcella, nicht mehr hin- und hergeschüttelt auf dem Karren. Er dämmert vor sich hin. In einem der wacheren Augenblicke verlangt er nach dem Sakrament der Versöhnung, der Beichte. Ein Mensch, der weiß, daß auch sein Leben nicht ohne Irrtümer, Fehler und Sünden war. Ein »normaler« Mensch, der die verbleibenden Stunden noch nützen will, um etwas vorbereiteter vor seinen Gott treten zu können. Keiner, der schon die Heiligsprechungsurkunde für sich unterzeichnet sieht.

Die Brüder sind jetzt bei ihm versammelt, beten Psalmen, wie sie für die Sterbestunde vorgesehen sind. Mehr und mehr verliert Antonius das Bewußtsein. Die »kurze« Zeit, in der das jetzt alles geschieht, zieht sich. Das Sterben scheint Ewigkeiten zu dauern (wer einmal beim Tod eines lieben Menschen dabei war, weiß auch hier, wovon ich rede). Antonius dämmert vor sich hin, phantasiert im Delirium, Träume, Bilder steigen auf. Anlaß genug für die Legenden, hier ganz große Visionen und Gesichte zu plazieren. Etwas überfromm und eigentlich gar nicht nötig, denn jetzt, in diesen letzten Augenblicken und Atemzügen, bekommt Sterben, das ohne den fremden Nebel von Medikamenten und Wiederbelebungsmaschinerien vor sich geht, eine ganz eigene und tiefe Würde.

Dann, am Abend des 13. Juni 1231, wird er unmerklich eingetreten sein in diese kleine Zelle, wo die Brüder an einem Sterbebett stehen, wird er eingetreten sein, der »Bruder, der leibliche Tod«, wird dem Antonius sein Hand hingehalten haben und leise gesagt haben: »Das war es, Bruder Antonius. Komm jetzt mit! Komm heim!« – Und nur Antonius wird diese Gestalt gesehen, wird die Stimme gehört haben. Wie ruhig er jetzt geworden ist, dieser Antonius, wie entspannt, wie gelöst. Der Atem geht langsam und leise, langsamer und immer leiser. Das Gesicht entkrampft sich, bekommt einen neuen Glanz. Ruhe. Nein, der Tod muß kein böser Feind sein. Ein anstrengender Bruder ist er. Das schon, aber kein Feind. Der heilige Franziskus nennt ihn in seinem Sonnengesang sogar »Bruder«. So kann man dem Tod auch ins Auge schauen – aber wohl nur, wenn man eine Hoffnung im Rücken hat, die weiter reicht.

Alleine ist er jetzt nicht mehr, unser sterbender Bruder. In Empfang genommen wird er, von seinem neuen Bruder. Anstelle der alten jetzt ein neuer Begleiter. Der letzte Atemzug. Er ist daheim. »Il santo è morto!« – »Der Heilige ist tot!« So sollen es die Kinder durch die Straßen Paduas gerufen haben. Es ist nicht nur ein Ruf der Trauer, vielmehr ist es auch ein Aufruf zu den Waffen (so nicht nur die Meinung von J. Toussaert): Der Leichnam des zukünftigen Heiligen ist eine Goldgrube, ein schier unerschöpfliches Reservoir an Reliquien.

Ein turbulentes Nachleben beginnt

»Was sich zwischen dem Tod des heiligen Antonius am Abend des 13. Juni 1231 und seiner Beisetzung am 17. Juni 1231 in Padua abspielte, ist uns Heutigen schlechthin unglaublich.« So urteilt Lothar Hardick. Nach dem anstrengenden, aber letztlich doch »friedlichen« Tod des Antonius im Kreis seiner Brüder Tumult, Aufregung, der Griff zu den Waffen.

Hören wir zuerst genau zu, was uns unsere bewährte und doch schwierige Erstlingsquelle, die »Legenda assidua«, zu berichten weiß, bevor wir ein wenig nachbohren:

»O wahrhaft heiliger Diener des Allmächtigen, der das Vorrecht hatte, den Herrn zu sehen, während er noch in diesem Leben weilte! O heiligste Seele, die, obwohl sie nicht durch die Grausamkeit des Verfolgers zerrissen wurde, doch tausend Male vom Wunsch des Martyriums und dem Schwert des Mitleid durchbohrt wurde! O würdiger Vater, nimm wohlgefällig all diejenigen auf, die dich mit dem Opfer der Hingabe ehren, und stehe uns mit deiner Fürbitte bei, uns, die wir nicht in der Lage sind, uns dem Angesicht Gottes zu nähern. Amen.«

Mit diesem Gebet endet der aufs höchste erbauliche Bericht vom Sterben des Antonius. Aber: Der Weihrauch hat sich kaum verzogen, das »Amen« ist kaum verhallt, da geht es schon weiter – ohne Übergang und ganz abrupt. Kein anderes Wort steht dazwischen:

»Die Brüder versuchten mit aller Sorgfalt und Vorsicht, den seligen Tod des Antonius vor den Außenstehenden und ganz besonders vor Freunden und Bekannten geheimzuhalten, um nicht vom Zulauf des Volkes überrannt zu werden, als plötzlich Schwärme von Kindern durch die Stadt zogen und riefen: ›Der heilige Vater ist tot, der heilige Antonius ist gestorben!‹ Als das Volk das hörte, ließ es seine Arbeiten liegen, mit denen es sich sein Leben verdiente, und eilte nach Arcella; die Niederlassung der Brüder wurde wie von Bienenschwärmen umringt. Als erste

von allen stürzen wie in einem Blitz in großen Mengen mit zahlreichen starken, jungen Männern die Einwohner von Capo di Ponte herbei und stellen, ohne zu zögern, bewaffnete Wachen rings um das Kloster. Dann erscheinen Angehörige geistlicher Orden; Menschen beiderlei Geschlechts, junge Männer und Mädchen, klein und groß, Freie und Leibeigene preschen vor. Und alle beginnen einstimmig und mit einhelligem Schmerz zu jammern und so ihre aufrichtige Zuneigung mit Klagen und Tränen auszudrücken.«

Sehr schön, sehr erbaulich, aber nicht so ganz wahr! Nur mit großem Aufwand und sehr, sehr viel frommer Farbe kann diese Beschreibung verdecken (vielmehr: sie kann es eigentlich nicht), daß hier tumultuarische Zustände herrschen. Sicher ist auch aufrichtige Trauer dabei, gemischt mit verschiedensten Temperamenten, doch das Ganze erscheint eher wie ein Wettlauf, ja Wettkampf um den Besitz des Leichnams. Und die »kräftigen jungen Männer« von Capo di Ponte scheinen das Rennen gemacht zu haben. Daß sie bewaffnet sind (und das ist zumindest für uns befremdlich), ist ja schon für sich ein Zeichen, daß da Krawall am Horizont aufzieht. Der Legendenschreiber tilgt dieses Detail nicht einmal, obwohl er sich ansonsten schon viel Mühe gibt, eine Aura der Würde und des Heiligen zu verbreiten. Die Frage stellt sich schon: Was geschieht da wirklich? Und was läßt sich davon noch rekonstruieren? Durch die Färbungen der Berichte, durch den Tumult der Situation hindurchzudringen, zu beschreiben, was wirklich passiert, fällt so leicht nicht. Eines jedenfalls steht fest: Der Leichnam des Antonius liegt zunächst, argwöhnisch bewacht von Bewaffneten, in Arcella. Zudem formieren sich binnen Stunden etliche unterschiedliche und wohl ebenfalls bewaffnete Haufen aus verschiedenen Stadtteilen Paduas, die alle zunächst Gleiches im Sinn haben, nämlich möglichst schnell und ganz allein in den Besitz des Leichnams zu gelangen. Es ist wirklich ein Trauerspiel. Fast liegt Bürgerkrieg in der Luft. Das Gemisch aus Temperament, zeitgenössischer Heiligenverehrung, der Sehnsucht, wenigstens mit ein paar Reliquien über den Verlust des Heiligen hinweggetröstet zu werden, die gereizte Stimmung der Massen – all das und mehr bildet ein explosives Gemisch.

Sogar die Minderbrüder aus dem Stadtkonvent bei Santa Maria Mater Domini, zu dem Antonius eigentlich rechtlich gehört haben wird und zu dem er sich hatte bringen lassen wollen, kommen nicht zum Leichnam durch. Die Bewaffneten aus Capo di Ponte stellen sich ihnen einfach in den Weg. Und die Waffen machen Eindruck. Kein Durchkommen! Wieder Originalton »Legenda assidua« (es läßt sich einfach nicht verschleiern):

»Die Brüder, die ihre Wohnstätte bei der Kirche der heiligen Gottesmutter hatten, kamen nach Arcella in der Absicht, den Leichnam des heiligen Antonius in ihren Konvent zu bringen. Einen so großen Schatz zu verlieren, hielten sie für eine undenkbare Sache und ein unerträgliches Unglück, um so mehr, als dem Heiligen selbst zu seinen Lebzeiten dieser Ort lieber als jeder andere der Gegend gewesen war. Aber als die Dorfbewohner jene Absichten vernahmen, traten sie den Brüdern entschlossen entgegen, damit diese auf keine Weise ihren Plan ausführen konnten. Sie vermehrten die bewaffneten Wachen und verfügten, daß Arcella Tag und Nacht streng bewacht sein sollte.«

Wahrlich ein trauriges Bild. Immer wieder diese brisante Mischung aus Habgier, Religion und Fanatismus. Auch die Klarissinnen, ebenso wie die Brüder in Arcella, geben kein besseres Bild ab: Jede Gruppe will den Leichnam zum eigenen Vorteil.

Ohne eine Schlichtung scheint jetzt nichts mehr zu gehen. Es ist, als hätten alle sofort und mit einem Schlag wieder vergessen, was zu seinen Lebzeiten die Anliegen des Toten waren, um den sich nun alle streiten. Die Brüder aus der Stadt appellieren an den Bischof. Der soll nun das Knäuel entwirren, weil alle meinen, das Recht auf ihrer Seite zu haben. Es geht dabei um ziemlich kompliziert Sachverhalte: Wohin hat Antonius gehört? Welcher Ort und wer ist demnach zuständig für seine Beerdigung? Welches Recht gilt überhaupt für ihn? Diese Fragen und andere mehr werden am Samstag, dem 14. Juni 1231, vor dem Paduaner

Bischof, seinem Domkapitel und anderen Betroffenen, darunter den Paduaner Minderbrüdern, behandelt. Sind Paragraphen da, so werden sie gebogen, zurechtgerückt und interpretiert nach allen Regeln der Kunst. Jacopo Corrado, der Bischof von Padua, steht sicher nicht vor einer beneidenswerten Aufgabe. Dann schaltet sich noch der Bürgermeister von Padua ein. Es ist verwirrend. Immerhin, der Bischof votiert für eine Überführung des Leichnams in den Stadtkonvent. Es gelingt ihm sogar, etwas Dampf aus der Geschichte zu nehmen. Jacopo Corrado bestimmt den 18. Juni, den folgenden Mittwoch, als den Beerdigungstag für Antonius. Mittlerweile wird der Leichnam, man kann es nicht anders sagen, notdürftig verscharrt – und alle haben ein Auge darauf, daß nichts »passiert«, soll heißen: daß niemand sich dessen bemächtigt.

Aber – wen wundert es noch – die Entscheidung des Bischofs wird so leicht nicht hingenommen. Manche sehen ihre Felle davonschwimmen. Anscheinend wühlen besonders die Klarissinnen in Arcella. Und es zeichnet sich ab, daß sie verhindern wollen, daß der Leichnam in die Stadt überführt wird. Schon am Montag bemerkt der Bischof diese Entwicklung. Es gibt Winke und Hinweise auf Taktiken, heimliche Pläne. Da entschließt sich Bürgermeister Badoer an diesem frühen Montagmorgen zu einer Nacht- und Nebelaktion. Es wird sogar eine Behelfsbrücke aus schnell zusammengebundenen Schiffen gebaut, um Antonius, im Schutze städtischer Truppen, auf Anweisung von Bischof und Bürgermeister in die Stadt zu bringen – auf einer ganz anderen als der offiziell bekanntgegebenen Route. Verrückt, aber nachweisbar. Doch der Plan schlägt schon einfach deshalb fehl, weil die Paduaner die Pontonbrücke ruckzuck zerstören. Der Konflikt um den Leichnam scheint in diesem Augenblick zu eskalieren. Der Bürgermeister macht kein Hehl daraus, daß er bereit ist, seine Truppen losschlagen zu lassen. In diesem Augenblick beginnen Besonnenere zu bremsen und zu beschwichtigen. Zum Äußersten soll es nun doch nicht kommen. Man steht schon zu nahe am Rand. Das Ganze kann leicht umkippen und aus den Hände gleiten. »Es wuchs die Angst, daß man die Rechnung der tragischen Ereignisse, die sich abzuzeichnen begannen, bezahlen müßte.« So beurteilt P. Scandaletti den Umschwung. Zudem setzt Badoer nun einige der fanatischen Rädelsführer in Haft. Erst als sich daraufhin die Lage etwas entspannt, kann die Prozession über den Ponte Molino in die Stadt vorrücken. Und dann kann alles nicht schnell genug gehen: Padua, gerade noch am Rande des bewaffneten Konflikts, erlebt, daß Antonius schon einen Tag früher als geplant am 17. Juni, einem Dienstag, beerdigt wird. Der Bischof übernimmt die Zeremonie. Länger aufschiebbar ist das Ganze nicht mehr.

»Es sollte nicht ganz beim verständnislosen Kopfschütteln bleiben. Bei aller Befremdung über diese Vorgänge, welche Padua förmlich an den Rand eines Bürgerkrieges brachten, bleibt bestehen: Daß man die Dinge derart auf die Spitze trieb, liegt eben darin begründet, daß Antonius in einer Weise verehrt wurde, daß jedes Mittel recht schien, seine Reliquien möglichst dicht bei sich zu haben. Das Mittelalter erlebte die Heiligen eben nicht aus der Distanz, sondern hautnah. Von ihnen erwartete man Schutz und war deshalb bereit, alle Mittel zu ergreifen, sie in der Nähe zu behalten.« Dergestalt wertet Lothar Hardick abschließend diese Vorgänge.

Es kann gut sein, daß sich Antonius mehrmals »in seinem Grab oder Sarg umdreht«, vor lauter Verzweiflung über diese eigenwilligen Geschichten. Es kann aber ebensogut sein, daß er erheblich mehr Verständnis für seine Zeitgenossen aufgebracht hätte (als wir zum Beispiel). Vielleicht hätte er aber auch das passende Wort gefunden, all die fromme und weniger fromme Energie, die sich da entlud, in die richtigen Bahnen zu lenken – es wäre nicht das erste Mal gewesen.

Jetzt, erst jetzt, hat Antonius seine Ruhe. Der Bischof segnet den Leichnam, der in Santa Maria bestattet wird. Der Vorhang fällt – und hebt sich gleich wieder für das Nachspiel, für das Nachleben.

»Kurzer Prozeß« –
ein Jahr danach schon »heilig«

Kaum ein Jahr ist vergangen: Am 30. Mai 1232 spricht Papst
Gregor IX., ehemals Kardinal Hugolin und vorher schon
ein enger Vertrauter und Freund des heiligen Franziskus,
Förderer und Freund des immer noch sehr jungen Franziskanerordens, Antonius von Padua im hohen Dom von Spoleto heilig. Die päpstliche Kurie, die in dieser Zeit viel wandert, selbst wenn der »Hauptwohnsitz« Rom ist und bleibt,
befindet sich gerade, nicht zum ersten und nicht zum letzten Mal, in dieser Stadt im »Valle umbra«, in dem ja auch
Assisi liegt. Selbstredend hat der Papst Antonius persönlich
gekannt, ist ihm begegnet. Auch damit läßt sich der unge-
wöhnliche Umstand ein wenig erklären, daß Antonius so
schnell zur Ehre der Altäre erhoben wird. Es ist eine Art
»Weltrekord«, denn selbst der Ordensgründer Franziskus
mußte zwei Jahre auf diese Ehre »warten«. Und es gibt
noch einen Rekord zu melden: Sage und schreibe 53 Wunder werden aufgefahren im Laufe dieses flott durchgezoge-
nen Heiligsprechungsprozesses; Wunder, die – mit Brief
und Siegel bestätigt – von Antonius oder auf seine Für-
sprache hin geschehen sind. Es geht also schon heftig weiter
mit dem Außergewöhnlichen.
Um die Ereignisse der Reihe nach zu erzählen, bedarf es
einer kleinen Vorbemerkung: Zu dieser Zeit ist es längst
nicht mehr üblich, daß ein Christ oder eine Christin, die
außergewöhnlich dicht am Evangelium entlang gelebt haben, nach ihrem Tod einfach nur eine geraume Zeitspanne
in der Erinnerung der Gläubigen und in deren Verehrung
bleiben müssen, um »irgendwie«, gleichsam von selbst, als
»heilig« anerkannt zu werden. Nein, längst haben Kirchenrechtler und Kuriale einen relativ exakten Prozeß-
ablauf entwickelt, den es zu durchlaufen gilt, ehe »ex ca-
thedra«, mit der Stimme des Papstes, der sich das Privileg
der Heiligsprechung selbst vorbehalten hat, jemand kano-

nisiert werden kann. Gewöhnlich dauert so ein Instanzenzug dann, mit all der Abwägung von Zeugenaussagen, Dokumenten, der Beglaubigung von Wundern und ähnlichem mehr, eine gehörige Zeit – damals vielleicht etwas weniger als heute, aber immerhin mehr als nur ein Jahr.

Padua, die Stadt, die sich für die Stadt des Heiligen hält (und das sicherlich nicht ganz zu Unrecht) drängt. Schon einen Monat nach dem Tod des Heiligen trifft sich in Padua eine Versammlung, die beschließt, sich beim Papst mit Nachdruck für die Heiligsprechung des Antonius einzusetzen. Eine Delegation aus weltlichen und geistlichen Vertretern wird zu Papst Gregor IX. entsandt; der nimmt sie auf, hört ihnen freundlich zu, aber es gibt am päpstlichen Hof Widerstand. Einigen Kardinälen geht die ganze Sache wohl einfach zu schnell. Es ist kaum anzunehmen, daß sie inhaltlich Zweifel haben, meinen, Antonius hätte diese Ehre nicht verdient. Aber der ordentliche Weg müsse doch wohl in aller Sorgfalt eingehalten werden – und das braucht eben seine Zeit, geht nicht von heute auf morgen.

Es wird eine Kommission berufen, die vor Ort arbeiten und in Padua das Nötige veranlassen und klären soll. Natürlich ist der Paduaner Bischof, Jacopo Corrado, dabei, dann der Obere der Paduaner Dominikaner und zwei, die später selbst seliggesprochen werden: der Benediktinerabt Jordan Forzate und Johannes von Vicenza. Die Gruppe arbeitet schnell und intensiv: Zeugen werden gehört, Wunderberichte gesammelt und bestätigt. Der Abschlußbericht mit der dringenden Bitte um zügige Behandlung wird von einer Delegation Paduaner Bürger an den Papst weitergeleitet. Aber immer noch, oder schon wieder, regt sich Widerstand gegen die Geschwindigkeit, mit der hier verhandelt wird. Es scheint, daß es gar ein Kardinal ist, der sich in den Weg stellt. Seine Stimme hat Gewicht, also verzögert sich das Verfahren – sehr zum Verdruß der Paduaner natürlich.

All das berichtet, blumig und gewunden, der zweite Teil der »Legenda assidua«. Mit den üblichen Abstrichen und der nötigen Vorsicht darf man ihr Gehör und Glauben

162

schenken. Aber die Geschichte geht noch weiter. Man könnte sie betiteln: »Sonderbehandlung für einen Kardinal«. Der sich sperrende Kardinal wird auf eine wirklich »wunderliche« Art und Weise dazu gebracht, seinen Widerstand einzustellen – und natürlich ist die »allerhöchste Instanz« der Urheber dieses Wunders:

»Zu gegebener Zeit griff Gott barmherzig ein, indem er einen der Kardinäle durch eine Vision zur Heiligsprechung des heiligen Antonius veranlaßte. Und so war die Vision: Im Schlaf schien dem Kardinal, er sehe den Papst, der sich, geschmückt mit den päpstlichen Insignien, anschickte, eine Kirche mit ihrem Altar zu weihen; die ehrwürdigen Kardinäle standen um ihn herum, um ihm gemäß des heiligen Ritus zu dienen, unter ihnen auch der Träumende, in Amt und Würden nicht an letzter Stelle, gekleidet mit den heiligen Gewändern. Als der Zeitpunkt der Weihe gekommen war, bat der Papst um die Reliquien, um sie dem Ritus entsprechend in den Altar zu legen; aber die Kardinäle erwiderten einer nach dem anderen, daß sie sie nicht hätten. Da ließ der Papst seinen Blick umherschweifen wie einer, der etwas sucht, und wurde schließlich des Leichnams eines kürzlich Verstorbenen gewahr, der mit Binden umwickelt war, und er sprach: ›Auf, schnell, bringt mir diese neuen Reliquien, um sie auf den Altar zu legen.‹ – Aber die Kardinäle, die den Leichnam gesehen hatten, bestanden fest darauf, daß jene keine Reliquien seien; da antwortete der Papst: ›Hebt den Schleier, mit dem er bedeckt ist und schaut wenigstens, was sich darunter verbirgt.‹ Jene naherten sich langsamen Schrittes und widerwillig dem Leichnam und nahmen dem Befehl gehorchend das Tuch hoch, in das er gewickelt war. Als die Kardinäle den Leichnam aufgedeckt hatten, konnten sie nicht das geringste Anzeichen von Zersetzung an ihm feststellen und freuten sich so über die Reliquien, daß sie um die Wette versuchten, sie sich anzueignen!«

Ein Traum ist dies, das sei nochmals gesagt. Nicht eigens erwähnt zu werden braucht, daß der so geträumte Leichnam der des Antonius ist. Sein Körper verwest nicht: sicherstes Zeichen der Heiligkeit. Träume haben ihre eigene

Wirklichkeit (das wissen wir) – und hier stimmt ein Traum
den Träumenden um. Zudem ist dieser Traum auch deshalb stimmig und auf eigene Art »realistisch«, weil er einmal mehr zeigt, wie wichtig Reliquien zu jener Zeit sind.

Aus dem »Bremser« im Heiligsprechungsprozeß wird
jetzt natürlich ein vorrangiger Förderer – das ist klar. Verzögerungen gibt es keine mehr. Und so kann am Pfingst-
fest 1232, am 30. Mai also, in Spoleto die große Liturgie
der Heiligsprechung stattfinden. Ab diesem Datum wird
jetzt Jahr für Jahr am Todestag des Antonius in der ganzen
Kirche das Fest dieses Heiligen gefeiert werden – ein
Hochfest für die Franziskaner damals wie heute.

Schon tags darauf, am 31. Mai 1232, richtet der Papst ein
offizielles Schreiben an die Stadt Padua und teilt den Bür-
gern die Heiligsprechung mit. Der Jubel dort wird »pa-
duagemäß«, wird riesengroß sein. Der Papst läßt, so als sei
dies nicht schon genug, am 23. Juni ein weiteres Rund-
schreiben folgen. Diesmal ist es an den gesamten kirchlichen Erdkreis gerichtet: Alle, aber auch wirklich alle, sollen wissen, daß dieser Antonius von Padua ein verehr-
ungswürdiges Beispiel christlichen und gläubigen Lebens
gegeben hat.

Es ist ein feierlicher Augenblick – und er darf es sein. Und
wenn wir mit Fug und Recht annehmen dürfen, daß die
»Legenda assidua« im zeitlichen Umfeld der Heiligsprechung, wahrscheinlich sogar als Dokument für die Heiligsprechung verfaßt worden ist, dann dürfen wir, sozusagen im feierlichen Ton, mit deren Worten schließen:

»Der Tag war gekommen, der für die Feierlichkeiten fest-
gesetzt war. Das heilige Kardinalskollegium ist anwesend,
die Bischöfe sind versammelt, die Äbte kommen und die
Kirchenprälaten reisen aus verschiedenen Teilen der Welt
an. Neben der Versammlung des Klerus drängt sich eine
fast unfaßbare Menge von Leuten. Da erscheint der Papst
in der Herrlichkeit seines Ruhmes, geschmückt mit den
Pontifikalien; um den Erwählten des Herrn drängt sich
die Schar der Kardinäle und der anderen Kirchenfürsten,
jeder mit dem heiligen Gewand gekleidet. Vor dem ganzen
Volk werden – wie es Brauch ist – die Wunder vorgelesen,

darauf werden mit der höchsten Ergebenheit und Verehrung die ruhmreichen Verdienste des seligen Vaters Antonius gepriesen. – Der Hirte der Kirche erhob sich, und vor heiliger Freude strahlend, erhob er die Hände zum Himmel und, nachdem er den Namen der allerheiligsten Dreifaltigkeit angerufen hatte, schrieb er den seligen Vater Antonius in das Verzeichnis der Heiligen ein und verfügte dabei, das Fest am Tage seines Todes zu feiern; zum Lob und Ruhm Gottes, des Vaters, des Sohnes und des heiligen Geistes, denen ist Ehre und Herrschaft in Ewigkeit. Amen.– Die Zeremonie trug sich in Spoleto zu, im Jahre des Herrn 1232, der 5. Indiktion, am Pfingsttag, im 6. Jahr des Pontifikates von Gregor IX.«

Die Vertreter Paduas machen sich flugs auf den Weg von Spoleto nach Hause – denn keine zwei Wochen später werden sie in Padua zu ersten Mal das Fest »ihres« Heiligen begehen können.

Das Leben des Antonius findet seine Bestätigung, findet seine kirchliche Bestätigung. Sicher, die Tonart, die in der »Legenda assidua« angeschlagen wird, klingt in unseren Ohren etwas dick aufgetragen, zu oft mit dem Beiwort »heilig», mit recht viel »Tamtam« und Weihrauch. Aber – es ist geschrieben und beschrieben auch aus der Betroffenheit und Ergriffenheit eines Augen- und Zeitzeugen heraus. Und Liebe macht halt »blind«. Auch Hagiographen. Deshalb war und ist es auch nötig, kritisch mit dieser und den anderen Quellen umzugehen und das eine und andere Mal die bereitgestellten Podeste unter den Füßen des Antonius wegzustoßen (er selbst hätte sie sich kaum unter seine Sohlen gestellt!). Doch auch dabei kommt einer zum Vorschein, der »heilig« ist – und »normal« und »begabt« und »begeistert« (von seinem Gott, von dessen Evangelium, dann von der franziskanischen Lebensweise in dieser Spur).

Damit ist nun zugleich auch unsere Schrittfolge mit Antonius von Padua an ihr Ende gekommen. Der Vorhang, der Schleier der Legenden hat sich etwas gehoben. Zum Vorschein gekommen ist ein Mensch mit seinen Erfahrungen, den Dreh- und Angelpunkten, mit den Tief- und Höhepunkten seines Lebens, mit seinem Vertrauen und seiner Hoffnung darauf, daß er in all diesen Momenten nicht alleine ist. Es ist nicht alles reibungslos und »wie geschmiert« gelaufen in diesem Heiligenleben – das zumindest haben wir sehen können. Auch wenn viele der Annäherungen selbst auf unsicherem Boden stehen, so sind es doch Versuche gewesen, einen Heiligen, der dann wieder – und hoffentlich neu – zu sprechen beginnt, in unsere Lebensnähe zu bringen. Wie alle anderen heiligen Frauen und Männer war auch Antonius zuerst ein Mensch aus Fleisch und Blut. In ihm »tobte« das ganze schöne, gefährliche, gefährdete Leben in seiner Spannbreite. Daran lassen sich, so scheint mir, dann auch unsere Erfahrungen eher anknüpfen. Das ist, bei aller zeitlichen Ferne, dann so weltfremd nicht.

Nach all den vielen Schritten mit Fernando, genannt Antonius von Padua, bleiben uns nun noch zwei kleine Schritte der Nachbetrachtung.

Eine erste Nachbetrachtung

Begraben und vergessen? Aus den Augen, aus dem Sinn?
Das läßt sich für Antonius von Padua sicher nicht sagen.
Eher das Gegenteil ist festzustellen. Nach der Heiligsprechung des Antonius beginnt, vor allem in Padua, eine massive Heiligenverehrung. Sie treibt über die Jahrhunderte
aus und dabei sogar einige Blüten.

In dieser Nachbetrachtung sollen noch drei Themen ange-
tippt werden, die zu den üblichen Folgeerscheinungen eines Heiligenlebens gehören. Zunächst gilt es, auf den Ort
einzugehen, der den Leichnam des Heiligen birgt. Erstes
und wichtigstes Zeichen ist die Kirche, in der die Erinnerung an den Heiligen wachgehalten wird, der Ort, zu dem
die Menschen mit ihren Fragen und Nöten kommen, um
sich in Gottesdiensten und stiller – in Padua allerdings
nicht selten auch turbulenter – Art ihrem heiligen Weggefährten anzuvertrauen. Sodann muß ein Wort verloren
werden zu dem Kranz aus Wundern, der sich um Antonius legt und oft so weit im Vordergund steht, daß der
Wundertäter selbst aus dem Blick fällt. Und schließlich
geht es noch um einen Titel, einen Zuständigkeitsbereich
des Heiligen, der oftmals sogar das einzige ist, was einem
spontan zu Antonius von Padua einfällt.

Wenden wir uns zu Beginn der Basilika »Sant' Antonio«
in Padua zu. Ähnlich und zeitgleich wie im wesentlich
kleineren Ort Assisi für die Grabeskirche des Franziskus
werden auch in Padua alle Hebel in Bewegung gesetzt, daß
der Leichnam ihres Heiligen eine würdige und repräsenta-
tive Stätte bekommt. Schon im Jahr der Heiligsprechung
beginnen die Arbeiten an der Lieblingsstelle des Heiligen
in Padua (wie die »Legenda assidua« nie müde wird zu berichten), neben der Kirche Santa Maria Mater Domini, wo
Antonius derweilen begraben liegt. Schon gute acht Jahre
später (also 1240) wird in höchst bewunderndem Ton von
der neuen Kirche gesprochen, auch wenn sie zu diesem
Zeitpunkt noch ganz und gar nicht fertig ist. Derlei Bau-

arbeiten ziehen sich damals sehr lange hin. Aber es gibt noch einen anderen Grund, der zu weiteren Verzögerungen führt: Ezzelino da Romano (Wir erinnern uns: Das ist jener äußerst unangenehme Herr, jener »Tyrann«, mit dem Antonius zu Lebzeiten heftig ins Gehege gekommen ist) bekommt zeitweilig die Oberhand über Padua. Kaiser Friedrich II. spielt ihm die Stadt zu. Man kann sich lebhaft vorstellen, daß Ezzelino nicht unbedingt scharf darauf ist, seinem ehemaligen Widersacher und Gegner Antonius jetzt auch noch eine Kathedrale zu bauen oder dieses Vorhaben auch nur zu unterstützen. In der Zeit seiner Herrschaft über Padua liegen die Bauarbeiten folglich still – eine späte Rache, sicher zum größeren Verdruß der Paduaner, die doch endlich für sich und die vielen Pilger die neue, große Kirche fertiggestellt wünschen. Erst 1256 wird es weitergehen können – dann aber relativ zügig. Der Papst – er heißt Alexander IV. – setzt sich mit all seinen Mitteln ein und setzt Fristen. Innerhalb von gut sieben Jahren ist es dann soweit: Am 8. April 1263 kann der Leichnam des Heiligen aus der Kirche Santa Maria Mater Domini in die neue prächtige Basilika überführt werden. Wieder ein großes Fest. Unmengen von Menschen sind anwesend, unter ihnen der Generalminister des Ordens der Minderbrüder, der große Theologe und später ebenfalls heiliggesprochene Bonaventura. In den folgenden Jahrhunderten wird an der Basilika kräftig herumgebaut. Fast völlig verändert geht sie aus diesen Umbauten hervor. Ihr heutiges Gesicht hat mit dem ursprünglichen so gut wie nichts mehr gemein.

Und wo bleiben die Wunder? Das ist die nächste Frage, die sich stellt. Eine Kirche kann wundervoll sein, aber ein Wunder muß sie, wird sie nicht gerade und nicht immer sein. Von Wundern im Umkreis des heiligen Antonius muß aber wohl doch noch gesprochen werden, auch deshalb, weil wir uns dabei bislang größerer Zurückhaltung befleißigt haben. Das aber aus guten Gründen. Schon bei der Heiligsprechung in Spoleto war – wir haben den betreffenden Text, der davon spricht, zitiert – eine lange Liste von Wundertaten des Antonius verlesen worden. Das gehört, bis heute, zum Ritual einer Heiligsprechung. Die »Legenda assidua« hängt an die Beschreibung des Antonius-Lebens in ihrem ersten Teil und die Schilderung der tumultuarischen Ereignisse bis zur Heiligsprechung einen dritten Teil an: Wohlgeordnet nach »Fallarten«, werden da Wunder erzählt, die unmittelbar auf das Einwirken des Antonius zurückzuführen seien. Da wird, der Reihe nach, berichtet von den »Gekrümmten«, die Antonius heilt (es sind sehr viele), von »Gelähmten« wird erzählt, von geheilten Blinden, von Tauben und Stummen, von Epileptikern und Buckligen, von Fieberkranken und schließlich sogar von Leuten, die Antonius vom Tode auferstehen ließ.

Viele Namen werden genannt, aber kaum Orte und Zeiten. Diese Wunder lassen sich schwer lokalisieren. Und sehr oft erinnern die Erzählungen an das Übliche. Soll heißen: Das macht man damals eben so, wenn man über einen Heiligen schreibt. Ähnliches gibt es ja auch, um nur ein Beispiel zu nennen, bei den ersten Lebensbeschreibungen des heiligen Franziskus. Erst wird, mehr oder weniger zuverlässig, das Leben nachgezeichnet, dann folgt ein Schlußteil, in dem akribisch Listen von Wundern erstellt werden. Also nichts ganz so Neues, nichts ganz Typisches für Antonius, was wir da in der »Legenda assidua« lesen.

Es gibt aber noch einen weiteren Grund für mehr Zurückhaltung: Für unsere Ohren haben diese Geschichten von Wundern oft etwas »Verwunderliches«, etwas Befremdendes. Das mag zunächst in der Sache selbst liegen. Aber es liegt sicher auch an unseren Hör- und Sehgewohnheiten. Aufgeklärt und naturwissenschaftlich angehaucht, wie wir uns zu geben gewohnt sind, haben für uns »Wunder« eher den Beigeschmack des Vorläufigen. Da ist etwas durchaus außergewöhnlich, aber im Laufe der Zeit, so der zupackende Optimismus, wird der Schleier schon gelüftet werden. Dann haben wir die Erklärungen. Diese Voreinstellung erleichtert den Umgang mit den Wunderberichten von Haus aus nicht. Doch auch schon ohne diese Haltung sind diese Ringe aus Wundern, die sich auch um den heiligen Antonius legen, eher Hindernisse, die die Sicht auf das gelebte Leben (bei allem Außergewöhnlichen, was bleibt und hier nicht in Frage gestellt werden soll) verdecken, so massiv werden sie zum Teil erzählt; und die geballte Wucht allein kann erschlagend wirken und den Zugang erschweren oder gar unmöglich machen. Erst wenn diese Hinwege wieder gefunden sind, wenn Antonius zumindest in ein paar groben Umrissen als Antonius wieder sichtbar wird, können die Wunder wieder angeschaut werden. In einem neuen Licht vielleicht. Und vielleicht sogar als »Daten«, die gar nicht mehr so störend sind, sondern sich recht nahtlos einfügen lassen in das Mosaik des Heiligenlebens. Möglicherweise nicht als einfach »historische Daten«, als platte Vorderseite der Wirklichkeit, aber doch als Ereignisse, die beleuchten, welche Kraft von diesem Antonius und seinem Gott ausgegangen sein muß. Und welche Darstellungsweise die Zeitgenossen für derartige Sachverhalte gewählt haben.

Aus diesen Gründen bleiben die Wunder des Antonius hier etwas zurückgesetzt. Zudem gibt es so viele Sammlungen, so viele Bilder und Gemälde, die Antonius bei seinen »Wunderwerken« zeigen, daß es eher überflüssig erscheint, das alles nochmals »aufzuwärmen«. Der überhöhte »Wundersmann aus Padua« (so ein Lied über Antonius) ist uns wohl weniger nahe als der rastlose Ackerer, der bis zum Umfallen sich einsetzende Mensch Antonius, der ergriffen ist von einer Idee, der aber auch ergriffen ist von den Malaisen, den Leiden und Krankheiten, die Menschen so haben können. Da, hoffe ich, kommt er uns, wird er uns ein Stück näher, verwandter, greifbarer – und erscheint gerade dann in seiner eigenen Farbe, in seiner Eigenart, in seiner Begabung, seiner Nähe zu Gott. Und nicht, wenn er überpinselt wird mit Ersatzteilen aus dem üblichen »Heiligenverehrungsrepertoire«. So dürfte und müßte man eigentlich mit allen Heiligen umgehen, um sie wiederzugewinnen als die, die sie waren, und um nicht nur die oft so blassen, weil blutleeren Abziehbilder zu haben, die im Laufe der Jahrhunderte zum Teil aus ihnen geworden sind.

Auch bei Antonius hat die Heiligenverehrung ihre eigenartigen Wege genommen; ein markantes Beispiel soll dafür noch genannt werden. Es hat mit dem Titel »Patron der Schlamper« zu tun, der im Zusammenhang mit Antonius von Padua meist zuerst genannt wird.

Heilige haben ihre Zuständigkeiten. Der eine ist für Hals-, Nasen- und Ohrenkrankheiten, die andere für die Bergleute zuständig. Das ist in Ordnung so. Doch oft genug bleibt dunkel, woher denn dies eigentlich rührt. Antonius hat sich seinen Ruf als »Wiederbringer des Verlorenen«, mithin also als »Patron und Rettungsanker der Unordentlichen« erworben. Das ist schon an sich eine sehr sympathische Sache, ein sympathischer Zug an diesem Antonius: Schutzpatron der Chaoten, Heiliger derer, die immer wieder den Überblick verlieren und dann händeringend durch das Gewirr waten und dauernd Stoßseufzer und Stoßgebete loslassen, um wieder Klarheit zu finden und das, was verloren scheint – vom Schlüssel bis zur Übersicht.

Aber auch in diesem Fall bleibt es ein Rätsel, wo diese Spezialzuständigkeit des Antonius herrührt. Die einen meinen, es gehe zurück auf seine Tätigkeit als Prediger bei den vielen Gruppen und Menschen, die ihren Glauben verloren hatten, denen er dann aber geholfen habe, den richtigen Weg, den richtigen Glauben wiederzufinden. Andere favorisieren den Gedanken, daß über einen frühen Hymnus, in dem davon gesprochen wird, daß Antonius – so wörtlich – »verloren' Hab und Glieder« wiederbringe, sich dieser Titel an Antonius geheftet habe. Dieses Lied selbst spielt dann wohl auf eine Episode an, in der Antonius einem jungen Mann, der sich aus Reue über seine Missetaten ein Bein abgehackt hatte, dieses Bein wieder zurückbrachte und anheilte (auch das schon ein gutes Beispiel, wie massiv, wie drastisch viele dieser Wundergeschichten sind). Wie auch immer – Antonius hat früher oder später seine Rolle als Wiederbringer des Verlorenen »weg«. Und diese Rolle hat sich im Laufe der Zeit so eingegraben im Bewußtsein der Menschen, daß Antonius in den betreffenden Fällen sogar von Menschen angerufen wird, die so arg viel mit einem Heiligen »nicht am Hut haben«.

Noch eine Nachbetrachtung

Die Frage drängt sich auf, ob an dieser Stelle, ob am Ende ein Resumée gezogen, ein verdichtetes Gesamtbild entworfen werden kann oder ob die vielen Fragmente, die kleinen biographischen »Häppchen« (so haben wir unsere Schritte zu Beginn genannt) eher unverbunden doch nur mehr in Andeutungen ahnen lassen, wer sich wohl wirklich hinter diesem Antonius von Padua verborgen hat.

Das kurze, aber sehr ereignisreiche Leben der Antonius gibt viel her – auch genügend Anlaß zu wilden Spekulationen. Da werden Lücken mit viel Phantasie gefüllt, Lücken, die an sich mit nichts anderem als einer gehörigen Portion an Fragezeichen und Einfühlungsvermögen in die Zeit und ihre Umstände bearbeitet werden können. Was dann entsteht, ist dann immer auch ein Bild von »meinem Antonius«. So stelle *ich* ihn *mir* vor. So stelle ich ihn *anderen* vor.

Und – es mag ja sein – vielleicht verändert sich in mir im Laufe der Zeit dann das Bild des Heiligen immer mehr. Das Bild bleibt in Bewegung – und damit die Frage nach dem Gesamtbild offen. Mir scheint es, auch in diesem Zusammenhang, eher gefährlich, ein derartiges Gesamtbild als fertiges Paket weiterzureichen. Annäherungen an einen Menschen sind immer Annäherungen an ein Geheimnis. Ich fürchte, wer dieses Geheimnis lüften will, vergeht sich auch an seinem »Objekt«. Und mehr als ein bloßes Objekt ist er oder sie dann nicht mehr für den Eindringling. Dann schon lieber die Fragen offen und unabgeschlossen lassen, sich diskret annähern, sich selbst mit dem Geheimnis des anderen in Bewegung halten.

Damit haben wir vielleicht das Stichwort, das wie kaum ein anderes zum Leben des Bruders Antonius paßt: »Bewegung« – zumindest im letzten Lebensdrittel als Franziskaner (die Jahre davor liegen noch weiter im Dunkel, aber es scheint, daß Antonius da eher stabil vor Ort war, in Lissabon, Coimbra, an seinem »Schreibtisch«). Sobald

Antonius sich der neuen Bewegung anschließt, gerät er wirklich auch selber in Bewegung. Auf geht es nach Afrika, dann zurück nach Europa, aber nicht mehr auf die Iberische Halbinsel, sondern nach Italien. Und in Italien und Südfrankreich wird er fortwährend auf Achse bleiben, mit ständig neuen Aufgaben: Prediger, Custos, Theologielehrer, Provinzial – und das alles an ständig neuen Orten, mit ständig wechselnden Problemlagen, mit ständig wechselnden Ansprüchen auch an ihn selbst.

»Antonius in Bewegung« – und es scheint, daß es ihm oft genug gelingt, auch Bewegung in reichlich verfahrene Situationen zu bringen. Da steckt »Power«, steckt Dynamik in dieser Person. Eine dynamische Persönlichkeit – und das, obwohl ihm oft genug Bremskeile in den Weg gelegt werden: seine Krankheit bremst; zu Beginn bremst der Orden selbst (in Montepaolo, scheint es, besteht die Gefahr, daß Antonius wirklich auf Eis gelegt wird), und immer wieder gibt es »gegnerische Parteien«, mit denen sich Antonius anlegen muß. Aber er geht der Auseinandersetzung nicht aus dem Weg.

Es wird schon stimmen, daß in den Adern des Antonius »heißes Blut« fließt. Das, wahrscheinlich, macht ihn, unter anderem, so geeignet für den »franziskanischen Verein«. Aber in allen diesen Bewegungen entzieht sich Antonius auch immer wieder einem zu rabiaten Zugriff. Wir können uns eben kein letztes, gestochen scharfes Bild machen. Ein Indiz dafür ist auch die Tatsache, daß wir nicht einmal genau wissen, wie dieser Antonius überhaupt ausgeschaut hat (abgesehen von seiner durch die Krankheit bedingten Korpulenz lassen sich da kaum sichere Daten erheben). Was er geredet hat, was er geglaubt hat, das läßt sich etwas deutlicher fassen über die »Schriften«, die er anregt und diktiert. Aber einen Generalnenner zu finden fällt schwer. »Für die einen ist Antonius der junge, puppenhafte und unmännliche, niedliche und blutarme Mönch, dessen Bild allein schon den Trieb zur Sublimierung verrät oder die Religion ihres menschlichen und hier männlichen Charakters entkleidet; der Ungläubige und der Vernünftige lächeln über ihn; wer weitergeht, riecht die Verfälschung.

Für die anderen ist er, Antonius, der Volkstribun, beherzt und beleibt, ein Kämpfer, der Blitze schleudert, von fast aggressiver Männlichkeit. Dieser Zeuge einer Tradition neigt gleichfalls dazu, die Wirklichkeit zu verfälschen. Man sieht oft kaum noch einen Unterschied zwischen dem Schreihals, der die Verheerungen noch beschleunigt, weil ihm die göttliche Eingebung fehlt, und dem Propheten, der den Weg weist.«
Dieses Fazit zieht J. Toussaert. Und er spannt die Gegensätze weit auf: So und so unterschiedlich hat man Antonius in der Tradition interpretiert und gesehen!
Was also bleibt? Antonius auf den Sockeln und Podesten, weit weg vom unserem Leben? Ein Liebling Gottes, der es einfach gehabt hat? Einfach bloß heilig? Alles reibungslos und glatt? Nein, bloß das nicht! Im Gegenteil: Ein Leben im Schlagschatten des Evangeliums, rastlos, anstrengend, immer und immer wieder unterwegs, eben nicht nur weit entrückt, sondern an manchen Punkten, wenn auch wieder mit Schwierigkeiten, beschreibbar, ahnbar. Vielleicht haben wir bei unseren Schritten mit Antonius gelernt, wie wir heute mit Heiligen umgehen können, wie wir mit ihnen gehen könnten, weil sie uns wieder mehr zu sagen haben: nicht als entrückte, ferne Gestalten, die so gar nichts mit unserem Leben zu tun haben, die so erschlagend perfekt sind, daß sie eher abschrecken, sondern als das, was sie eigentlich sein sollten, wozu sie eigentlich von der Kirche heiliggesprochen werden: nämlich Urbilder eines gelebten, durchlebten und auch durchlittenen Lebens aus dem Glauben zu sein. Nein, deprimieren oder entmutigen und befremden sollen uns diese Männer und Frauen aus der Geschichte unserer Kirche ja gerade eben nicht, sondern begleiten und ermutigen. Wenn wir da, am Beispiel des heiligen Antonius, einen Schritt haben gehen können, dann ist wohl schon wieder ein Wunder passiert.
Schließen möchte ich mit dem Gebet zu unserem Heiligen, mit dem sich auch der Autor der »Legenda assidua«, unser Weggefährte über weite Strecken, von seinen Lesern verabschiedet. Es paßt auch für mich an dieser Stelle:

»Siehe, o guter Vater, ich habe deine Taten, wenn auch mit ungehobelten Worten, erzählt und so gut beschrieben, wie es mir möglich war. Ich habe, so unvollständig es auch sein mag, meinen Kenntnissen gemäß deine wirkliche Größe verkündet. Ich bitte dich, o frommer Vater: erinnere dich meiner und zugleich der anderen Mitbrüder deiner Familie; du, der du dich durch eine glückliche Fügung neben dem Throne Gottes in ewigem Leben befindest, befreie uns, die wir uns nach dir sehnen, mit deinen Bemühungen aus diesem erbärmlichen Untiefen. Erinnere dich der tiefen Gutherzigkeit, die du so reichlich zu deinen Lebzeiten den Unglücklichen offenbarst, als du noch im Fleisch, aber alles andere als nach dem Fleische lebtest. Du der du mit der Quelle der Barmherzigkeit verbunden bist, schöpfe aus dem Strom der Glückseligkeit, gib uns Dürstenden einen Bach der Gnade. Amen.

Hier enden das Leben und die Wunder des heiligen Antonius, des Bekenners.«

Literaturverzeichnis

Antonius von Padua, Lehrer des Evangeliums. Ausgewählte Texte aus den Predigten des hl. Antonius von Padua (Einführung, Übersetzung, Erläuterungen von Sophronius Clasen/Franziskanische Quellenschriften, Bd. 4) Werl 1954.

»Assidua« – Das Leben des heiligen Antonius von einem Zeitgenossen erzählt. (Übersetzung v. Martina Bauschen) Padua 1985.

Celano, Thomas von, Leben und Wunder des heiligen Franziskus von Assisi, (Einführung, Übersetzung, Anmerkungen von Engelbert Grau/Franziskanische Quellenschriften, Bd. 5) Werl ³1980.

Clasen, Sophronius, Antonius – Diener des Evangeliums und der Kirche, Mönchengladbach 1959.

Clasen, Sophronius, Die Gestalt des hl. Antonius von Padua, in: Wissenschaft und Weisheit 12 (1949) 45–58.

Clasen, Sophronius, Die Schriften des hl. Antonius von Padua, in: Wissenschaft und Weisheit 13 (1950) 104–118.

Clasen, Sophronius, »Der Lehrer des Evangeliums«. Über die Predigtweise des Antonius von Padua, in: Wissenschaft und Weisheit 16 (1953) 101–121.

Daniele, Ireneo, Sant' Antonio di Padova. Conversazioni sulla sua Vita, Padua 1984.

Franziskus von Assisi, Die Schriften des heiligen Franzikus von Assisi. (Einführung, Übersetzung, Erläuterungen von Lothar Hardick und Engelbert Grau/Franziskanische Quellenschriften, Bd. 1) Werl ⁶1980.

Gamboso, Vergilio, Das Leben des hl. Antonius, Padua ²1983.

Hardick, Lothar/Ethelburga Häcker, Lehrer des Evangeliums – Zur Spiritualität des heiligen Antonius von Padua, Werl 1981.

Hardick, Lothar, »Er kam zu dir, damit du zu ihm kämest.« Skizzen zu Leben und Lehre des heiligen Antonius von Padua (Bücher franziskanischer Geistigkeit, Bd. 27), Werl 1986.

Lombardi, Teodosio, Il dottore evangelico, Padua 1977.

Manselli, Raoul, L' Europa medioevale, Turin 1979.

Manselli, Raoul, Franziskus – Der solidarische Bruder. Zürich/Einsiedeln/Köln 1984

Origo, Iris, Der Heilige der Toskana. Leben und Zeit des Bernardino von Siena, München 1989.

Panchieri, Francesco S., Sant' Antonio di Padova, Padua 1977.

Renggli, Ludwig, Antonius von Padua, Freiburg/Schweiz ³1989.
Salvini, Alfonso, Sant' Antonio di Padova, Rom 1978.
Scapin, Piero, Io, Frate Antonio, Padua 1985.
Scandaletti, Paolo, Antonius von Padua. Volksheiliger und Kirchenlehrer, Graz/Wien/Köln 1983.
Toussaert, Jacques, Antonius von Padua. Versuch einer kritischen Biographie, Köln 1967.
Tuchman, Barbara, Der ferne Spiegel. Das dramatische 14. Jahrhundert, München 1983.

Auf der Suche nach der eigenen Lebensspur

Das Leben eines Menschen — das gilt in besonderem Maße für „herausragende" Personen — stellt sich in der rückschauenden Betrachtung oftmals in einem verklärten Licht dar.
Die „Ecken" und „Kanten", die Einbrüche, die Phasen der Leere und Ernüchterung erscheinen in dieser Perspektive als abgerundet, abgefedert und „letztendlich" überwunden.

In der neuen Reihe „*Auf der Suche nach der eigenen Lebensspur*" soll nun der Blick gerade auf die Bruchstellen, Knotenpunkte und Wegkreuzungen gelegt werden: auch herausragende Menschen, Vorbilder, Heilige mußten ihren eigenen Weg, ihre Lebensspur, suchen, einen Weg, der alles andere als glatt und eindeutig zielgerichtet war.

Damit ist zugleich das *Anliegen der Reihe* bezeichnet: die tastenden, scheiternden, immer wieder neu ansetzenden existentiellen und intellektuellen Suchbewegungen mit- und nachzuvollziehen und in diesem Sinn heutigen Leserinnen und Lesern Lebens- und Orientierungshilfe zu bieten.
Den ersten Band dieser Reihe über Antonius von Padua, einem „Franziskaner auf Umwegen", halten Sie in Händen.

In Planung und Vorbereitung sind Bände über:

▶ Johannes XXIII.
▶ Dietrich Bonhoeffer
▶ Alfred Delp

 echter